U0112120

大展好書　好書大展
品嘗好書　冠群可期

大展好書　好書大展
品嘗好書　冠群可期

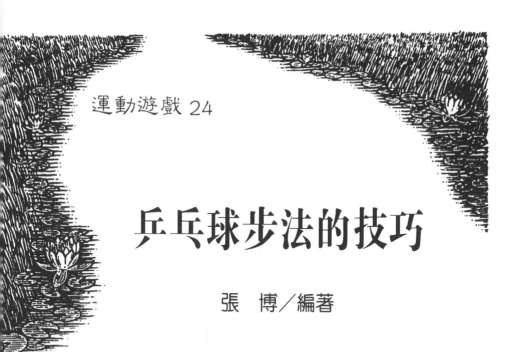

運動遊戲 24

乒乓球步法的技巧

張 博／編著

大展出版社有限公司

目錄

第一章 步法的作用、發展及趨勢

第二章 步法移動的相關因素

第三章　步法種類的劃分及技術分析

第四章 步法的應用

第五章 步法的訓練

第一章
步法的作用、發展及趨勢

第一節　乒乓球步法的作用

乒乓球的步法是乒乓球擊球環節中最重要的一環。簡而言之，乒乓球運動的技術主要有兩種：一是手法，二是步法。兩者有機結合，密不可分。曾有人把手法稱為乒乓球運動技術之父，把步法稱為乒乓球運動技術之母。由此可見步法的重要。

乒乓球運動員如果具有良好的步法，經常保持合適的擊球位置，就會使擊球的速度、力量、旋轉、弧線、落點都很理想，從而有利於提高擊球的質量；那就會使快、準、狠、變、轉的技術風格（制勝因素）得到充分的展現，從而使制勝的因素又多了一分保障。

隨著乒乓球運動的發展和乒乓球技術水準的不斷提升，已經顯示出步法的重要作用及意義。

它是及時準確地使用與銜接各項技術動作的樞紐，也是實施各項戰術的有力保證。步法的好壞還是衡量一名乒乓球運動員整體水準的重要標誌，如前南斯拉夫國

手舒爾貝克，除了拿手的弧圈球技術外，其快速靈活的步法是非常出色的，他在二十多年的乒乓球運動生涯中，先後兩次奪取世乒賽男子雙打冠軍；再如中國的乒壇名將郭躍華，曾以其善於跑動、移動到位、奔跑積極的突出特點，在第 34、35 兩屆世乒賽上獲得男單亞軍，在第 36、37 兩屆世乒賽上獲得男單冠軍，並數次獲得世界杯賽的冠軍。

重視步法的訓練是當前乒乓球運動發展的需要，也是乒乓球競賽特點的需要。乒乓球運動競賽雙方，經常藉由控制與反控制、調動與反調動及變化擊球節奏和落點來達到出其不意、攻其不備的目的，力爭主動、佔據優勢。比賽時，來球的落點始終在變化著，要想保證還擊的命中率，就要靠正確、快速、靈活的步法，使自己移動到最佳的擊球位置。沒有良好的步法移動，是不能適應當前訓練和比賽需要的，同時更會影響手法技術水準的提升。

現代乒乓球運動技術的最突出特點就是「動態」技術，即所有的技術動作的完成都是在「動態」中進行並完成的，陳舊的「靜止」「停頓」式擊球方式已不合時代潮流，取而代之的是全新的「運動戰」擊球方式。

乒壇巨人鄧亞萍以其快速、積極、靈活的步法雄霸乒壇長達 12 年之久，奪得了除混合雙打冠軍之外的無數個其他項目的冠軍；劉國梁、王楠、孔令輝等「超一流」選手，同樣是依靠其良好的步法移動，先後獲得了

乒壇「大滿貫」。

　　尤其值得一提的是在第 46 屆世乒賽上，中國隊的劉國正在男子團體半決賽決勝盤的決勝局中，為世界乒壇創造的奇蹟，可謂將中、韓之戰，以及劉國正、金澤洙之戰載入乒壇史冊，成為經典戰例。

　　關於這場球劉國正對金澤洙 7 個賽點落後的其中 6 個賽點的內容不想多加詳敘，而只想著重敘述第 5 個賽點的情況：當時劉國正 20 比 21 落後（決勝局），此時金澤洙發了一個劉國正反手將出臺的左側下旋球，劉國正果斷、快速地移動步法，側身接發球將來球拉起來，從此拉開了雙方側身位對沖弧圈球的精彩「對局」，劉國正側身搶拉弧圈球後，剛一還原，金澤洙的回沖球又回到了其反手位，且來球勢沉力猛，此時劉國正再次果斷地側身用正手對沖弧圈球到金澤洙的反手位，且角度極刁，而金澤洙不愧為「直拍王、第一沖、步法靈活舉世無雙」的稱號，再次硬性地將球反沖回劉國正的反手位，但力道已有所減緩，劉國正抓住戰機，利用快速、靈活的步法，凶狠的正手弧圈球爆沖，連續拉球 6 板，一板比一板沖，一板比一板刁，一板比一板讓金澤洙移動的範圍大……這個賽點的爭奪，不僅是比意志、比技術、比戰術，而且很大程度上也是在比步法，看誰的步法更靈活，看誰的移動更到位，從而給擊球的質量及命中率提供了堅實的基礎和保證。

　　正因為如此，劉國正終於拿下了這一分，將比分追

成 21 比 21，為最後 25 比 23，以 2 比 1 戰勝金澤洙，為中國隊 3 比 2 戰勝韓國隊有著至關重要的作用。

　　以上戰例，可見步法的重要性了。關於步法的重要作用不勝枚舉，可以說，沒有哪一位優秀運動員的步法是差的。

　　需指出的是：強調乒乓球步法重要性的目的是引起廣大乒壇人士的重視，並不是說其他與乒乓球技術有關的因素就不重要，事實是一名有成就的乒乓球運動員，必須具備意志品質、人格、素質、思想、心理、知識、技術、戰術、適應能力和應變能力等綜合素質，只有具有良好的綜合素質，才有望登上乒壇的巔峰。

第二節　步法的產生及發展

　　應該說，自乒乓球運動出現，就有了乒乓球步法。因為人們在從事乒乓球運動時，不可能原地站立不動去擊球，他一定會根據來球落點、位置的不同來調節自己的步法，選擇最佳的方位，最後出手擊球，完成還擊的任務。因此，我們說乒乓球的步法與乒乓球運動是同步產生的。

　　從乒乓球運動產生到今天為止，乒乓球運動在器材、規則、類型打法及訓練方式等諸多方面有了很大的發展、變革乃至革命，而這些方面的發展、變革乃至革命又是乒乓球步法產生及發展的根本動因。

一、器材的革命

（一）球臺

根據乒乓球史書記載：1926 年 12 月 12 日在英國倫敦的弗里特（Fleet）大街附近的小禮堂的禮儀廳裡，舉行了具有偉大意義的第 1 屆世界乒乓球錦標賽。

當時的比賽分散在幾個小廳進行，使用的球臺為「特馬」牌臺子，長為 4 英尺 8 英寸。隨著乒乓球運動的發展，球臺的長度在 20 世紀中葉左右，由原來的 4 英尺 8 英寸增長到 5 英尺。

（二）球網

第 1 屆世界乒乓球錦標賽使用的球網高度為 6.5 英寸，隨著乒乓球運動的發展，球網高度也由原來的 6.5 英寸降至 6 英寸。

（三）球

第 1 屆世界乒乓球錦標賽使用的球為「甲古」牌乒乓球，其直徑約在 37.2～38.2 毫米之間。隨著乒乓球運動的發展，到 2000 年 10 月，乒乓球的大小已由直徑 38 毫米增大到 40 毫米。

（四）球拍

應該說，器材的革命主要是乒乓球球拍的革命。在乒乓球運動發展的一百多年裡，乒乓球拍經歷了由穿弦拍（仿網球拍）、羔皮紙貼成的長柄橢圓形空心拍、木板拍、尼龍拍、膠皮拍、海綿膠皮拍、碳素底板海綿膠皮拍、「強力膠水」黏合的碳素底板海綿膠皮拍到奈米高科技黏合劑黏合的碳素底板海綿膠皮拍的發展歷程。

二、規則的變更

第 1 屆世界乒乓球錦球賽，比賽前沒有編印秩序冊，因此，所有的運動員都必須待在場地上，以便聽候裁判員根據臨時安排進行比賽。運動員比賽時衣著五花八門，男運動員穿長褲，有的穿毛衣，有的穿西服打著領帶；女運動員則穿著不適合運動的大長裙子。沒有一名選手穿運動鞋，有幾個甚至穿著皮鞋上場。比賽採用英國式的 21 分一局記分法。

隨著乒乓球運動的不斷改善與發展，逐漸有了較完善的比賽規則、競賽規程和裁判方法。

乒乓球規則，經歷了第 11 屆世乒賽後開始實行「輪換發球法」的革命；經歷了第 36 屆世乒賽後開始實行「球拍的兩面，一面為紅色、另一面為黑色」的變革；經歷了 38 毫米直徑的「小球」改為 40 毫米「大球」的更新，並於 2000 年 10 月正式實行；經歷了更改

100 年來沒有改變過的每局 21 分、每 5 分換發接球，變為每局 11 分、每 2 分換發接球，並擬定於 2002 年 9 月正式實行的乒乓球規則史上的巨大革命。

100 年來，規則始終在圍繞著促進乒乓球運動的發展而進行著更改、革新，但從沒有像 20 世紀末 21 世紀初這樣，變化得既多又頻且深刻的革命。

三、類型打法的獨樹一幟

從第 1 屆世界乒乓球錦標賽的「遊戲」狀態的技術，逐漸發展成為歐洲風格的穩削打法，日本風格的遠臺單面長抽型進攻打法，中國風格的單面或兩面近臺快攻型打法；而後又經歷了日本發明的弧圈球打法，歐洲將日本的弧圈球與中國的快攻有機結合起來的「快弧」打法與「弧快」打法，中國將快攻、弧圈、削球有機結合起來的「攻削」「削攻」「攻、推、削」打法。

隨著乒乓球運動的發展，到現在為止，基本形成了快攻型、弧圈型、削攻型三大類型及由三大類型演化出來的其他眾多打法。

四、訓練手段的推陳出新

隨著乒乓球運動的不斷發展，各個國家或地區及其教練員和運動員，為了在各種比賽中創造好成績，除了跟上器材革命的潮流、規則變更的衝擊和技術打法的獨樹一幟外，還需在訓練手段上推陳出新。「發展才是硬

道理」，「創新才能求生存」。只有根據乒壇的發展動態，創造出適合自己國情、省情、市情、地區情、人情的訓練手段和方法才能提升自己，同時也才能推動乒乓球運動的發展。

乒乓球訓練方式的發展經歷了注重手法階段，注重步法階段，手法、步法兼顧階段，「三從一大」階段，循環練習、多球練習階段，科學訓練階段，智能訓練階段，以及電腦監控訓練階段。

綜上所述，每一次器材的革命都不同程度地促使了規則的變更，而規則的變更又不可避免地創造出新的類型打法；每創造出一種新的類型打法，則必將使訓練手段及方法進行換代更新。這一系列的革命、更新、創造、推陳，都將廣泛波及步法的創造、取代、推陳、革命。所以，可以說步法的產生及發展，是因乒乓球運動的產生及發展而發展，是因器材、規則、類型打法、訓練方式的發展而發展。

第三節　步法的發展階段及發展趨勢

一、步法的發展階段

（一）歐洲乒乓球全盛時期的步法（1926~1951）

1926 年第 1 屆世界乒乓球錦標賽在英國倫敦舉

行，以後乒乓球作為體育項目在英國和匈牙利開展較為廣泛；此後在德國、南斯拉夫、瑞典、奧地利、澳大利亞、捷克斯洛伐克、美國和埃及等國也都逐步開展起來，並陸續參加了世界比賽。錦標賽地點除 1939 年僅有一次是在埃及外，其他均在歐洲國家，參加比賽的也主要是歐洲隊。

在 18 屆錦標賽共 117 項（本應 118 項，由於第 11 屆女單決賽沒能確定冠軍，故為 117 項）冠軍中，除美國選手取得 8 項外，其餘 109 項全部為歐洲選手所得，故稱這一時期為歐洲全盛時期。

1. 器材對步法的影響

這個時期的球臺較現代的球臺短而窄，球網也較現代的高，球拍主要是木板拍和膠皮拍，較現代的球拍所製造的旋轉為弱。因此，在這種器材設備條件下，不可能打出很快速度、很強旋轉的球來，也不可能製造很好的弧線、用很大的力量和擊出很刁的落點。所以，那個時期的步法主要是一些隨意的、下意識的、自然的步法。雖然也已使用了「單步」「跨步」「跳步」，偶爾也可見到「交叉步」，但總的講還沒有形成步法體系，更沒有成為一項專門技術。

2. 打法特點對步法的影響

在打法方面，雖然第一個男單世界冠軍雅可比（Jacobi）和女單冠軍瑪麗亞·梅德楊斯基（M. Mednyanszky）都是橫拍左右開弓的進攻型選手，而且

梅德楊斯基連續保持了 5 屆冠軍，雅可比也先後 4 次獲得冠軍，但其後的冠軍都是以削為主或採用削中反攻的打法，因而就這一階段的總體而言（尤其是第二次世界大戰後），技術發展是削球佔主導地位，加之器材設備比較落後，所以對步法要求很低，教練員和選手們的側重點，主要是放在手法的提升上，這種現象一直持續到上個世紀的中葉。

（二）日本稱雄國際乒壇時期的步法(1952～1959)

日本乒協於 1928 年就加入了國際乒聯，但其加入世界乒乓球錦標賽行列卻是 1952 年，這一年日本隊參加了在印度孟買舉行的第 19 屆世乒賽。儘管他們是首次參賽，然而卻震撼了整個世界乒壇。他們以直握球拍的長抽進攻型單面打法展現了實力，一舉奪得女團、男單、男雙、女雙 4 項冠軍。這種氣勢一直持續到第 25 屆的全盛時期，日本隊奪走了 7 項冠軍中的 6 項（男單冠軍為中國選手容國團所獲）。

1. 器材改進對步法的影響

該時期器材的最大變化是：日本隊的佐藤博治在第 19 屆比賽中成功地運用了海綿拍，在一定意義上將乒乓球技術推到了快速階段。由於球速的提高，使乒乓球的步法發生了很大的變化，跳步、跨步、蹬跳步、墊步等逐漸開始被應用到以後的比賽中。該階段，各國的教練員和運動員已經認識到了步法的重要性。

2. 打法特點對步法的影響

該階段日本隊取得巨大成功的原因有三：一是發明了海綿球拍；二是創新了打法，堅持運用中遠臺正手長抽快攻；三是運動員的勤奮。

正是由於技、戰術打法實用有效、獨具一格，使該時期的步法受到很大影響，從而由原來的防守型步法逐漸過渡到進攻型步法，產生了諸如側身步、交叉上步、反交叉步還原等步法，並給原有的跳步、跨步、蹬跳步、墊步等防守步法賦予了進攻的新意。

該時期由於日本「旋風」的衝擊，一度使重視乒乓球步法的訓練成為一種時尚和主流。

（三）中國和朝鮮成為世界乒壇「新貴」時期的步法（1959～1969）

20 世紀 50 年代末，正當日本隊處於巔峰狀態時，中國選手容國團以其獨特的直拍近臺快攻打法，在第 25 屆世界乒乓球錦標賽中一舉奪冠，成為中國歷史上第一個世界男子單打冠軍。這期間中國隊先後獲得了 11 項冠軍，朝鮮男隊也曾獲得過團體亞軍，標誌著中國隊已成為世界乒壇「新貴」，朝鮮隊也進入世界乒壇強隊之列。

1. 器材改進對步法的影響

該時期的器材又有了較大的進步與發展，出現了正膠海綿拍、反膠海綿拍和長膠球拍等。器材的改進使球

速更快，旋轉更強，變化更多，同時對步法的影響也更大。該時期要求步法的移動更迅速，應用更實效，手法、步法的配合更協調。

2. 打法特點對步法的影響

該時期中國隊創造了獨特的快速進攻打法和旋轉多變並配合有效的反攻積極防守的打法。該時期的步法更側重於近臺、橫向大幅度的兩面移動，從而創造了推擋→側身→交叉上步撲正手→反交叉撲反手還原的系列步法，使乒乓球的步法組合化、配套化和系列化，使乒乓球步法的發展又上了一個臺階，訓練方式邁入了手法、步法並重時期。

（四）歐亞抗衡時期的步法——側身位爭奪的步法（1971～1987）

1. 器材改進對步法的影響

這一時期雖然球拍在膠皮、海綿、底板的黏性、軟硬度及彈性上都有了一定的革新創造（膠皮出現了生膠皮、防弧海綿、防弧膠皮等），但就整體而言，它對步法的影響不大。

2. 打法特點對步法的影響

在第 31 屆世界乒乓球錦標賽上，19 歲的瑞典新手本格森連勝中國、日本隊強手，一躍成為男單新霸主。他在繼承、發展歐洲打法的基礎上，學習了日本的弧圈球以及中國快攻的長處，把快攻和弧圈有機地結合在一

起。與此同時，歐洲各國也出現了一批像本格森一樣具有實力的年輕新手，這表明歐洲選手經過二十多年的迷惘、摸索和努力，終於掌握了較符合自己特點的打法，具備了和亞洲強隊抗衡的實力。

該時期從比賽成績上看，歐亞選手（男）平分秋色，歐亞抗衡的局面已經形成，只是女子方面亞洲仍然領先。

這一時期打法特點對步法影響最大的是側身位的爭奪，誰能搶先側身、搶先上手，誰就爭取了主動。因此，對步法的要求則主要是如何解決側身讓位、側身後的連續進攻及補防正手位空檔。

這時的步法訓練到了「三從一大」、多球訓練、循環練習階段。

（五）列為奧運會比賽項目時期的步法（1988～2000）——從正手位突破

1. 器材改進對步法的影響

這一時期器材雖然有一定的改進，但其對步法的影響不大。

2. 打法特點對步法的影響

這一時期歐亞抗衡的局面沒有改變，只是在打法上由側身位的爭奪變成側身位與正手位爭奪的同步局面。要求選手既要搶佔側身位、搶先上手，又要兼顧自己的正手位、突襲對手的正手位。這種打法特點的變化使乒

乒球的步法已近巔峰狀態，對運動員的應變、反應速度、動作速度、位移速度要求極高，從而使步法發展到了「立體」階段，既能左、能右、能前、能後，又能迅速還原，不間斷地進入下一輪對對方的攻擊。

這一時期又產生了「結合步」「騰空步」「弓箭步」「魚躍步」等步法。同時不斷地發展完善原有的側身步法，撲正手位步法，向前步法，後退步法，攻守轉換步法，攻、弧、削打法結合的步法等。

該時期的步法訓練已到了有針對性、科學性、智能性訓練階段。

（六）「大球」時代的步法（2000 年 10 月 ~ ）

1. 器材改變對步法的影響

由於從 2000 年 10 月開始，乒乓球正式由 38 毫米改為 40 毫米的「大球」，並正式投入比賽，從而掀起了一場乒乓球器材改革的「革命」。廣大教練員、運動員為了贏球就得提高球速、力量、旋轉，而增加這些要素的方法就是改革器材。

球變大了影響速度、力量，但可以加硬碳素底板，加厚、加硬海綿，改革膠皮質量，使用高科技奈米黏合劑使底板、海綿、膠皮增硬、增彈、增韌，使球底勁更強、彈性更大、飛行更穩。

應該說，這一時期器材的大幅度改革，其基本方向仍然是使球速變快、旋轉變強，因此，對步法的要求仍

然較高，且由於球變大、變軟，對運動員身體素質的要求也隨之增高。

2. 打法特點對步法的影響

該時期由於球的大小及硬度的改變，使各項技術的動作結構也發生了一定的變化，例如，動作幅度大了、奔跑距離遠了等。所有這些變化都將影響到步法，因而產生了便於打回合戰、打持久戰的步法，諸如側身步與撲正手法結合還原到側身位的反交叉步等，各種步法的組合、配套應運而生。

因此，這一階段的步法訓練已經到了在原有步法成功訓練的基礎上，結合電腦監控的訓練階段。

（七）記分法變動後的步法（2002 年 9 月以後）

1. 記分法變動情況

第 46 屆世乒賽期間，國際乒聯研究擬定對乒乓球規則作較大範圍的變動，其中最大變動之一當數記分法的變動：將一百多年來的乒乓球比賽每局 21 分、每場 5 局 3 勝或 3 局 2 勝、每 5 分交換發球與接球的比賽方法，改變為每局 11 分、每場 7 局 4 勝、每 2 分交換發球與接球的記分比賽方法。

2. 記分法變動對技術打法的影響

由於每局採用 11 分制，使比賽從一開始就進入「白熱化」狀態，加之心理狀態的影響，運動員的技術水準差距將越來越小，比分越來越接近，發球優勢越來

越弱，搶上手、先發制人方針越來越重要，技術打法上將更注重前三拍，更注重「閃電戰」和注重實效性。

3. 記分法變動對步法的影響

記分法的變動，改變了技術打法特點，改變了戰術指導思想，改變了訓練方式，因此，必將顯著影響到步法。

這一時期的步法也將向以配合手法的短、精、少、實效、經濟等為主的方向發展。可以想像，這個時期的結合步等步法將明顯趨於減少。

二、步法的發展趨勢

人們已約定俗成地稱乒乓球的步法為乒乓球運動之「母」，乒乓球的手法為乒乓球運動之「父」。正是這對「父」與「母」的有機結合才使乒乓球運動這個「孩子」長大、成人，走向成熟、輝煌。

從上面的比喻可以看出，乒乓球步法的發展趨勢是直接受手法發展趨勢影響的，手法技術的每一次變革、更新、革命與推陳出新，都引起步法相應的同步變化。簡言之，乒乓球手法朝著「積極主動、特長突出、技術全面、戰術多樣」的方向發展，乒乓球步法朝著「移動積極、腳下到位、便於發力、簡便實用」的方向前進。

第二章
步法移動的相關因素

第一節　步法快慢的三要素

一、判斷速度的快慢

運動生理學原理告訴我們，人體運動（活動、工作等）時都必須遵循感應器→傳入神經→大腦皮層（分析、判斷、綜合、決定、執行）→傳出神經→效應器這樣的肌肉感應、效應，神經傳導，大腦發出指令的程序進行運作。

一名高水準的乒乓球運動員，由於長期的專業化、職業化的訓練，大量的國際、國內比賽的磨練，無論是技術水準、戰術水準、心理承受能力、分析與判斷場上突發情況的能力，都達到極高的水準。因此，對來球的判斷、分析及所作出的反應，99%是準確無誤的，對對方尚未出手的來球，預測準確率也在90%以上。正因為他們的專業化、職業化訓練程度極高的緣故，使其依靠正確的判斷、快速的反應而事先進行步法的「預

動」，而「預動」的結果是既從容又及時，還可以克服因突然起動造成的重心不穩。

一名優秀的百米運動員，他起動、奔跑的速度很快，但在打乒乓球時的步法卻可能很「慢」，原因就是缺乏乒乓球的專業訓練，對乒乓球的球性、球理的變化感覺不敏銳，故對來球無法作出正確的判斷和反應，當然也就談不上如何正確移動步法了。

大量的實驗結果證明，乒乓球專項步法的快慢很大程度上取決於大腦中樞對對方來球的判斷及反應的快慢；而大腦中樞對來球判斷和反應的快慢又取決於運動員乒乓球專項訓練程度的高低；訓練程度的高低又取決於技術和戰術能力、心理素質、對環境適應能力、對對手的了解、對場上情況的判斷、分析和解決問題能力等諸多方面素質的強弱。

所以說，判斷速度的快慢，是步法快慢的首要因素。

二、動作速度的快慢

要想完成任何一個動作，最後均需人體的某個部位、某個「效應器」發生作用才能達到目的。乒乓球步法移動過程中最主要的「效應器」莫過於腿、腳了。因此，腿、腳部位肌肉力量的大小，收縮速度的快慢，彈性的好壞，決定著動作速度的快慢。

肌肉力量是人體的內力，是內部因素，而人體「效

應器」與外部事物進行接觸所產生的力是外力，是外界給人體的反作用力，是外部因素。唯物辯證法原理告訴我們：內因是變化的依據，外因是變化的條件，外因只有由內因而起作用。我們懂得辯證唯物主義原理，就會更深刻地理解到，人體肌肉力量即內力，是人自身可以根據需要進行隨意控制的，內力的作用力決定著外界的反作用力。因此，內力的變化是主要矛盾，只要我們在做步法移動時的腿、腳動作過程中，不斷地調整肌肉力量、作用點、作用角度、作用方向和作用形式等，就會不斷地獲得我們所需要的反作用力。

所以說，動作速度的快慢是步法快慢的第二個重要因素。

三、位移速度的快慢

人體的位移速度，是由人體的肌肉內力（作用力）作用於外界物體，外界物體給人體一個大小相等、方向相反、作用在同一條直線上的反作用力相互作用而形成的。

正如我們在動作速度的快慢部分所提及的那樣，位移速度的快慢首先來源於人體肌肉收縮力量的大小、方向、方式、角度及被作用物體接觸的部位、方向、方式、角度、面積等諸多因素。例如，打乒乓球時，選手運用下肢的力量作用於地面，使地面產生大小相等、方向相反、作用在同一直線上的支撐反作用力，這就是乒

乒球運動中的位移，也是乒乓球步法的移動形式。

雖然說肌肉收縮是步法移動的內因，是依據，但是它必須由地面所給予的支撐反作用力這個外因條件而起作用。在乒乓球運動中（其他運動、活動亦如此）沒有外力、沒有支撐反作用力就不能位移，就不能進行步法的移動。但必須強調指出的是，選手利用下肢肌肉收縮的力作用於地面，而引起、增加或減少的支撐反作用力，永遠是人體位移、步法移動的內因和動力。

所以說，位移速度的快慢是步法快慢的第三個重要因素。

第二節 選位、預動及起動

一、選 位

選位，顧名思義，是指乒乓球運動員在訓練或比賽中對每次擊球、還擊前所選擇的方位及身體姿勢。選位是否適宜，不僅會影響擊球的質量與效果，而且對步法移動的快慢有著密切的關係。

選位主要根據以下幾方面來確定：

第一，根據運動員不同的打法特點來確定位置。

例如，以兩面攻為主要打法的選手，其選位會較多地在球臺偏左的 1／4 處；而以單面攻為主要打法的選手，其選位會較多地在球臺左大角附近。再如，打攻球

的運動員，其選位會較多地離臺稍近；而打削球的選手，其選位會較多地離臺稍遠。

第二，根據運動員不同的身體高度來選位。

例如，身材矮小者其選位會離臺近些；身材高大者，其選位會離臺遠些。

第三，根據運動員所掌握的不同的技術（優缺點）來確定選位。

例如，以兩面攻或兩面拉為主要打法的選手，其選位會較多地採取正對球臺的站法，以利於發揮正、反手兩面進攻的特長；以左推右攻或單面拉為主要打法的選手，其選位會較多地採取身體略向右側偏斜的站法，以利於發揮正手攻球的威力；以削為主要打法的選手，其選位會較多地採取身體略向左側偏斜的站位，以利於照顧反手削球及接短球。

二、預　動

正如在「判斷速度的快慢」部分中所闡述的那樣，要想步法移動得快，在正確分析、判斷來球的基礎上，身體的重心、腿、腳乃至手要有一定的預動。

預動的目的在於避免身體由靜止狀態開始起動。而從預動到起動的過渡，其起動速度要比身體從靜止狀態下起動的速度快許多。因此，選位確定後，在正確分析、判斷來球的性質、力量、速度、落點等基礎上，適宜的預動，則顯得非常重要和必不可少。預動的快慢決

定著起動的快慢，而起動的快慢在某種意義上說又決定著步法移動的快慢。

三、起　動

運動員在確定選位和正確預動後，起動則是隨之而來的必然步驟。選位、預動與起動是相輔相成、密不可分的。例如，標準的擊球前站立姿勢要求是：兩腳開立，距離與肩同寬，屈膝提踵，重心居中（略前），低頭收腹，目視來球。這樣的準備擊球姿勢，既能使兩腳具有較好的彈性，又能保持身體重心的穩定，有利於加快步法移動的速度。而站位過寬，雖能增大兩腳支撐面，降低身體重心，提高身體穩定性，但對預動、起動的速度影響較大；相反，站位過窄，減小兩腳支撐面，提高重心，便於身體重心的預動和提高起動速度，但身體的穩定性，乃至擊球的穩定性都會受到較大影響。

第三節　選位的重新調整

當球已擊向對方之後，運動員往往需要對自己的位置進行重新調整，這是在連續擊球過程中經常遇到的而又必須解決好的一個問題。

選位的重新調整，目的是要使運動員在每次擊球之前，都能保持較好的準備姿勢，以便迅速移動步法，選好位置去擊球。選位的重新調整大致有以下幾種方法：

一、原位置不動調整

原來的選位不變，如果來球離原位置不遠，可藉由自身的腰、腹傾斜、轉動，身體重心的前、後、左、右調整，以及手臂的大幅度前伸、側伸或回縮加以解決，使用這種方法的情況是：

（一）擊球用力不大或自己處於主動的情況之下

（二）自己處於被動應急的情況之下

自己很被動，且來球離自己較近，要靠應急的腰、腹轉動，重心轉移，手臂的伸縮來快速地還擊對方凶猛的來球，以便跟上其節奏，扭轉劣勢。

（三）擊球力量不大，處於快速相持的情況之下

二、還原調整

每次擊球後，將上體、腿、腳重新還原到擊球前的準備姿勢，即兩腳平行開立，屈膝提踵調整，低頭收腹含胸，重心居中偏前，目視對方，緊盯來球。

使用這種方法進行選位的重新調整，多半是自己在該回合中處於主動，因此，有較充足的時間「還原」並進行新一輪的攻擊。在大力擊球後或離臺較遠擊球後也經常採用這種方法來重新還原選位。

三、預動調整

關於預動的作用，在前面已經提及，它的好處也已經清楚，那就是身體及重心、腰腹、腿腳做預動的調整，以利於快速的起動、步法的移動和身體的位移。

這種預動的調整準備姿勢已為當今眾多乒壇高手所認可和應用，它的優勢就在於無論你是處於主動、被動或是相持階段，使用這種方法都是最佳選擇。

第四節　步法與重心的關係

很久以來，人們一直相信擊球動作的完成，步法的移動，腰、髖的轉動是靠身體重心的移動帶動的。認為重心移動，上帶動手臂揮拍擊球，下帶動腿腳移動到位，合情合理、無可挑剔。可是在對大量的乒乓球訓練、比賽情況進行統計、研究的結果證明：原來的觀點不夠全面，或者說只是一種「流派」，而現在很多乒壇高手無論是上臂的擊球，還是腳下的移動，都不是靠身體重心的移動帶動的。

一、移動時重心軌跡與步法

步法移動的目的有兩個：一是移動迅速，二是便於擊球。為了便於擊球，重心在移動中要盡可能平穩。這樣，在步法移動中較合理的順序應該是先移動腳，然後

重心隨身體的移動而移動。若依靠重心來帶動步法移動，勢必造成腳、腿被重心「拖」著走，使腳、腿的蹬地發力不夠，影響移動速度；同時還會使重心起伏過大，直接影響擊球命中率。

二、擊球時重心軌跡與步法

擊球命中率建立在重心平穩的基礎之上。擊球時，只有身體重心落在兩腳之間（偏前），重心軌跡在人體縱向轉動軸上時才最穩定。

原因之一：

重心落在兩腳之間不會由於重心偏斜產生傾倒趨勢而使重心不穩。而重心軌跡在人體縱向轉動軸上便於人體繞縱軸轉動揮臂擊球，不致因重心偏離轉動軸而產生一個偏心力，影響身體轉動圓周的平穩性及造成腳部承重的不均衡性。而靠重心帶動手臂擊球，由於勢能的來源是身體重心高度的變化（沒有高度的變化就沒有勢能），必然使重心起伏，使手臂不穩而影響擊球的命中率。

原因之二：

重心軌跡在身體縱軸上，當繞縱軸轉動腰、髖擊球時，不僅重心平衡，而且發力大，進攻點多（在轉動圓周上的任意點均可揮拍擊球）。這種發力形式能充分利用腿蹬地、腰轉動的力量。而依靠重心帶動手臂的發力，從生理學、解剖結構原理而言，不利於腰部的轉動

發力（腰部轉動肌群力量最大，重心帶動發力時腰不能大幅度轉動），不利於腿部蹬地的發力（腿被重心「拖著」走）。

原因之三：

靠重心轉換帶動手臂擊球，會破壞擊球動作。擊球時正手動作是弧形運動軌跡，而重心轉換是直線運行軌跡，弧形與直線形兩個用力方式很難融為一體。而把重心放在兩腿之間（偏前）的轉腰、揮臂、擊球則恰是兩個同方向的弧形用力的合二為一，所以有利於增大擊球力量，協調揮拍動作。

因此，移動步法時，應腳蹬地在先，身體重心跟進在後；擊球時，重心放在兩腳之間（偏前），兩腳蹬地，身體繞縱軸轉腰帶動手臂的揮動擊球。

第五節　腰髖與腿腳在移動步法 與揮拍擊球時的作用

日本及歐洲選手長期以來一直比較重視腰髖與腿腳在移動步法與揮拍擊球時的作用，而中國選手則相對比較注意手臂和手腕在擊球時所起的作用。但隨著運動技術的不斷發展，要求運動員各方面素質均要比較優秀，才能取得優異的成績。僅揮拍擊球就要求選手必須保證身體各部分的有機配合，充分發揮腰髖的「發動機」作用，上協調手臂、手腕的揮拍擊球動作，下協調腿、腳

的移動到位動作，從而提高擊球的技術質量。

一、腰髖在移動步法與揮拍擊球中的作用

　　根據人體運動生理學原理可知，人的一切整體運動的發力都始於腰髖，乒乓球運動中的揮拍擊球也不例外。由圖1所示的以軀幹發力開始的力的雙向傳導（圖1中「↑」指力的正常傳導，「⇑」指力的加速傳導）可知：軀幹（腰髖）發力後，向下傳給大腿→小腿→足→足給地面一個作用力，地面給足一個反作用力。該

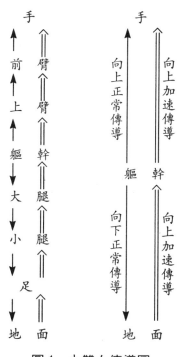

圖1　力雙向傳導圖

力順著足→小腿→大腿→軀幹的順序上行，加速傳導追上上行的正常傳導力→上臂→前臂→手，並使二力合一，共同施加給球拍，球拍再作用於球上為止，充分發揮各關節的動量傳遞的加速作用，完成揮拍擊球的任務。

因此可見，腰髖在乒乓球運動，乃至整個體育運動及人類活動中的重要作用，所以也有人將腰髖稱為「人體運動的發動機」。腰髖力量越大，則上行、下行傳導的力越大。向上傳導的力越大，越有利於揮拍擊球；向下傳導的力越大，地面給予的反作用力則越大，一方面有利於步法移動，另一方面增加了上行的傳導力，使揮拍擊球更有力量。

二、腿腳在移動步法與揮拍擊球中的作用

同腰髖在移動步法與揮拍擊球中的作用原理一樣，腿腳在移動步法與揮拍擊球中的作用也是透過腿腳的肌肉收縮，加上腰髖施加的向下正常傳導的作用力共同作用於地面，地面則給予大小相等、方向相反、作用在同一條直線上的反作用力，該力順著足→小腿→大腿→軀幹的順序加速傳導追上上行的正常傳導力→上臂→前臂→手，並使二力合一共同施加給球拍，球拍再作用於球為止。充分發揮各關節的動量傳遞的加速作用，完成揮拍擊球的任務。腿腳蹬地越有力，則越有利於步法移動及增加上行傳導力，使揮拍擊球更有力量。

第三章
步法種類的劃分及技術分析

第一節　步法種類的劃分

一、方式上的劃分

（一）移動範圍上的劃分

1. 大範圍移動的步法

常用的有：

（1）滑步

（2）交叉步

（3）跳步

（4）墊步

（5）蹬跨步

（6）墊跨步

（7）側身步

（8）跑動步

（9）騰空步

（10）魚躍步

2. 中範圍移動的步法

常用的有：

(1) 換步

(2) 跨步

(3) 弓箭步

(4) 滑步

(5) 併步

(6) 側身步

(7) 蹲步

3. 小範圍移動的步法

常用的有：

(1) 原地步

(2) 碎步

(3) 單步

(4) 併步

(5) 換步

(6) 小跳步

（二）移動方向上的劃分

1. 向前移動的步法

常用的有：

(1) 單步

(2) 併步

(3) 換步

(4) 墊步

（5）跨步

（6）蹲步

（7）跑動步

（8）弓箭步

（9）蹬跨步

（10）墊跨步

（11）後交叉步

2. 向後移動的步法

常用的有：

（1）單步

（2）換步

（3）跨步

（4）併步

（5）墊步

（6）蹬跨步

（7）墊跨步

（8）弓箭步

（9）後交叉步

3. 向左、右移動的步法

常用的有：

（1）單步

（2）換步

（3）併步

（4）跨步

(5) 小跳步

(6) 跳步

(7) 墊步

(8) 蹬跨步

(9) 墊跨步

(10) 側身步

　①滑動側身步

　②跳動側身步

　③跨動側身步

(11) 交叉步

　①前交叉步

　②後交叉步

　③反交叉步

(12) 跑動步

(13) 魚躍步

4. 向斜前、斜後移動的步法

這類移動步法與向前、向後、向左、向右的移動步法基本相同，只是移動方向及步法的組合有所區別。

5. 向上移動的步法

這種步法較為特殊，只有在殺高球及回接反彈很高的來球時應用，因應用時需要躍起騰空，故稱為騰空步。

（三）移動方法上的劃分

1. 單腳移動的步法

常用的有：

（1）單步

（2）跨步

（3）弓箭步

2. 雙腳移動的步法

常用的有：

（1）碎步

（2）換步

（3）併步

（4）墊步

（5）蹬跨步

（6）墊跨步

3. 交叉移動的步法

（1）前後移動時

常用的有：

①前交叉步

②後交叉步

（2）左右移動時

常用的有：

①正交叉步

②反交叉步

4. 平動步法

常用的有：

（1）平行球臺移動的步法

（2）平衡上下肢體的步法

（3）平穩身體重心的步法

5. 滑動步法

常用的有：

（1）滑步

（2）滑動側身步

（3）滑動還原步

6. 跳動步法

常用的有：

（1）小跳步

（2）跳步

（3）騰空殺高球步

（4）騰空救高球步

（四）比賽項目上的劃分

1. 單打移動的步法

無論是從移動範圍、移動方向還是從移動方法上來說，它們所包括的步法都屬於單打的移動步法，故在此不再贅述。

2. 雙打移動的步法

需要指出的是，所有的單打步法都適用於雙打步法，只是雙打步法又有其特殊性，故產生特殊的雙打步法。

常用的有：

（1）雙打「八」字步法

（2）雙打「T」字步法

（3）雙打環形步法

（4）雙打橫「8」字步法

（5）雙打的應急步法

（6）雙打「O」字步法

（7）雙打「V」字步法

（8）雙打「▽」形步法

二、應用上的劃分

（一）主動時應用的步法

1. 快攻類

（1）縱向步法

　①前進步法

　②後退步法

　③前後臺連貫步法

　　　A.先向前、後向後連貫步法

　　　B.先向後、向後前連貫步法

（2）橫向步法

　①向左步法

　②向右步法

　③左右臺連貫步法

　　　A.先左後右連貫步法

　　　B.先右後左連貫步法

（3）斜向步法

即縱向與橫向步法的重組、結合、連貫及配套。

（4）向上步法

騰空殺高球所採用的步法。

2. 弧圈類

其步法的應用在結構上、順序上和內容上完全與快攻類相同，只是在方法上有所區別。

3. 削球類

其步法的應用在結構上、順序上和內容上完全與快攻類及弧圈類相同，只是在方法上有所區別。

（二）相持時應用的步法

其步法的應用在結構上、順序上和內容上基本與主動時應用的步法相同，只是在個別內容上和方法上有所區別。

（三）被動時應用的步法

其步法的應用在結構上、順序上和內容上基本與主動時應用的步法、相持時應用的步法相同，只是在個別內容上（例如，騰空步主動時是殺高球，被動時是救高球，故其內容及方法還是有區別的）和方法上有所區別。

三、功能上的劃分

（一）原地步步法

（二）預動步步法

（三）碎步步法

（三十）步法的組合

第二節　步法的技術分析

目前世界乒壇的頂尖高手，如孔令輝、馬琳、金澤洙、瓦爾德內爾、蓋亭、普里莫拉茨等人都在步法方面具有獨到之處。所以，對步法技術的探討、分析和研究應予充分重視。本節將著重從乒乓球各種步法的特點、運用時機、動作要點、發力部位、易犯錯誤及糾正方法等方面進行研究。

一、原地步步法

（一）特點
在原來的位置上未做任何移動，但卻時刻準備著（根據來球情況）起動和移動。

（二）運用時機
在對方做移動、擊球等動作之前，經常採用這種步法。

（三）作用
使身體在揮拍擊球、移動、預動步法之前始終處於一種「動態」狀，便於根據突然來球情況而移動步法、揮拍擊球。

（四）動作要點（圖2）
兩腳在原地不停地進行著快速的、應急的、放鬆

球 台

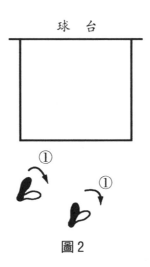

圖2

的、時刻準備著為還擊對方來球的左右腳的重心交換。兩腳可以是原位置的換動，也可以是原地的旋轉旋動，既可以向內旋轉，也可以向外旋轉，並且同換動一樣不停地進行著兩腳的重心交換。

（五）主要發力部位及關節運動

主要是小腿、足的蹬地用力及踝關節做內旋、外旋的輕鬆、規律的運動（旋轉的力）。

（六）易犯錯誤

1.原地不動。

2.只做原地抬腿動作，沒有完成兩腿的重心交換。

3.兩隻腳不會做內、外旋的重心交換動作。

4.動作不放鬆、沒節奏，主要發力部位不正確。

（七）糾正方法

1.明確這種步法的動作概念、要領。

2.將此步法與上臺擊球結合起來運用。

3.多聽教練員、教師的指導和講解，多請教、多練習。

4.多做踝關節部位的內旋、外旋動作，增強該部位的關節靈活性及肌群的力量。

二、預動步步法

（一）特點

它是將原地步步法與其他移動步法有機地連接起來的一種步法，能使選手從原地步步法狀態快速地過渡到想使用的步法。

（二）運用時機

在判斷清楚對方的移動意圖、擊球意圖後，迅速做預動步步法，並快速地過渡到根據來球的需要所要做的步法。

（三）作用

使擊球前的起動與完成擊球所用的步法協調配合，緊密連接。

（四）動作要點（圖3）

當判斷出對方的移動、擊球意圖後，由原地步步法的兩腳不停地、快速地交換重心並迅速降低重心，彎腰屈膝，身體前傾，兩腳同時輕微地彈離地面，並快速回落到地面，緊接著就是根據來球情況準備銜接其他的移動步法。此時雙腳有制動動作。

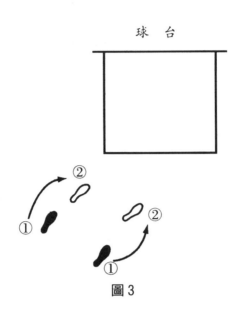

球　台

圖3

（五）主要發力部位及關節運動

由腰髖腹部的肌肉收縮繃緊發力開始，將力下行傳導給大腿，加之大腿的肌肉（股二頭肌）收縮發力，使膝關節被拉扯彎曲，同時二力合一，下行傳導給小腿，加之小腿的肌肉（前群肌肉——腓腸肌）收縮發力，使踝關節被拉扯背屈，同時三力合一，下行傳導給足，加之足心部小肌群的收縮發力，數力合一作用於地面，地面給身體一個大小相等、方向相反、作用在同一條直線上的反作用力，此力使選手完成預動步步法。

（六）易犯錯誤

1.將原地步步法與預動步步法混為一談，概念不清。

2. 缺乏與其他步法銜接前一瞬間的雙腳制動動作（制動動作是下面步法爆發起動的動力來源），從而使下面步法的完成受到一定的影響。

3. 動作僵硬，大腿、小腿、足等主要發力部位主動肌肉群與對抗肌肉群的協調、配合不當，動作緊張。

（七）糾正方法

1. 明確該步法的動作概念、動作要領。

2. 明確軀幹發力的力的雙向傳導原理，各下肢肌肉群的生理、解剖結構及工作原理。

3. 多做此步法的練習。

4. 此步法與上臺擊球結合運用。

5. 多聽教練員、教師的指導、講解，多請教。

三、碎步步法

（一）特點

碎步，顧名思義即很碎、很小的步法。由此可知，這種步法的最大特徵是步伐小，最大特點是重心穩，保證擊球準，簡單、實效性較強。

（二）運用時機

擊球前使用小碎步調整位置，對方位及重心進行微調。

（三）作用

在乒乓球運動實踐中，任何高水準的運動員都不可能對對方擊過來的球的落點及旋轉性質、旋轉強度做到

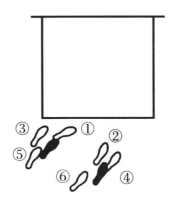

圖4

準確無誤的判斷，為了更合理、更有效地調整移動步法，「碎步」步法應運而生，起到了銜接、調整步法的作用。

（四）動作要點（圖4）

在很小的範圍內做前、後、左、右不停的快速移動，藉以調整自己的位置，以處於最佳的擊球位置。

不停的小範圍移動，首先保證身體一直處於「動態」起動狀態，其次因移動範圍小，重心起伏不大，保證了擊球的穩定性。

進行碎步移動時，要不停地完成兩腳的重心交換、兩腳的位置移動、兩腳的蹬地與內外旋動作，同時注意腰、髖的發力及大腿、小腿、足與腰、髖的配合。注意發力的協調與配合，腰、髖發力在先，大腿、小腿及足的發力在後。

進行碎步移動時，一定要清楚碎步移動不是最終目的而是過渡，因此，要時刻注意根據來球情況，由碎步銜接過渡到其他移動步法上去。

（五）主要發力部位及關節運動

1.腰、髖、腹部肌群首先發力。

2.大腿、小腿、足依次發力。

3.主要是膝、踝關節的運動，以小腿、足部肌肉的活動為最明顯。

（六）易犯錯誤

1.對碎步步法的概念不清，對其作用、特點及主要發力部位領會不透。

2.缺乏此步法的專門訓練或對此步法重視不夠。

3.主要運動關節、主要發力肌群和發力順序不當，造成動作僵硬，不協調、不放鬆。

4.碎步動作缺乏節奏，沒有得到調整位置、協調步法、穩定擊球的作用。

（七）糾正方法

1.明確碎步的動作概念和要領。

2.多在教練員、教師的專門指導下進行此步法的正確練習。

3.此步法與手法、上臺、實戰相結合進行訓練。

4.了解一些簡單實用的生理、解剖、力學、乒乓球技術原理的基礎理論知識。

四、單步步法

（一）特點

動作簡單實用，移動範圍較小，重心起伏不大，較平穩。在遇到臺內球及來球離身體較近時使用此步法。

（二）運用時機

1. 來球離身體較近。

2. 來球為臺內短球。

3. 用其他步法來不及還擊。

（三）作用

經濟、快速、實用。

（四）動作要點（圖5）

單步步法是以兩腳的任一腳為軸，另一隻腳可以向前、後、左、右任何方向移動。

移動時，擺動腿抬起的幅度要小，保證重心的穩定；支撐腿（蹬地腿）根據不同的來球，確定不同的蹬地方向和用力程度。當步法移動完成後，身體重心也隨之落到擺動腿上，然後再揮拍擊球。腳落地、轉髖、引拍揮拍、擊球同步進行。

（五）主要發力部位及關節運動

1. 擺動腿

在腰、髖的帶動下，主要是大腿（股四頭肌）、小腿（腓腸肌）的前部肌群的發力拉扯腳移向所要邁進的位置，膝關節微屈。

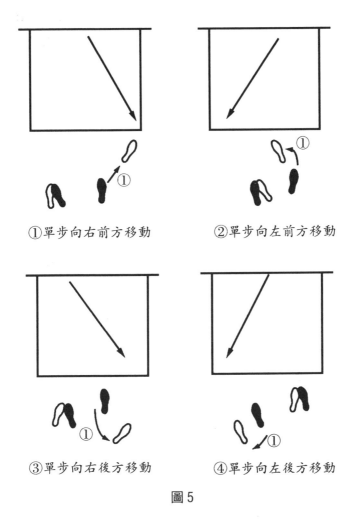

①單步向右前方移動　　②單步向左前方移動

③單步向右後方移動　　④單步向左後方移動

圖5

2. 支撐（蹬地）腿

　　在腰、髖的帶動下，主要是大腿（股二頭肌）、小腿（比目魚肌）的後部肌群的發力，以及足心肌群的共同發力蹬地，並伴有踝關節內外旋、膝關節屈的動作。

（六）易犯錯誤

1. 擺動腿抬得過高，邁得過遠，造成重心不穩，使動作類似跨步。

2. 支撐腿、擺動腿的肌群使用不當，造成用力不協調，動作僵硬。

3. 支撐腳站得較「死」，踝關節缺乏內外旋動作的配合，造成身體方向與來球方向的不協調。

4. 對單步步法的應用範圍不夠了解，體會不深。

（七）糾正方法

1. 明確動作概念及動作要點、特點、作用、運用時機和主要發力部位。

2. 多做此步法的徒手、上臺、實戰練習，多做踝關節的內外旋練習。

3. 多聽、多看教練員、教師的講解與示範，多請教。

五、換步步法

（一）特點

動作簡單，實效性大，移動範圍適中，重心起伏很小。多用在回擊中近距離的來球時，兩面攻的選手使用較多。

（二）運用時機

兩面攻選手從基本站位向左、右移動時採用（主動、被動情況均適用）。

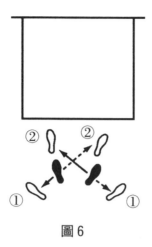

圖6

（三）作用

攻、防轉換時使用此步法極為有利，既可以用於進攻，也可以用於防守。

（四）動作要點（圖6）

換步步法是根據來球情況靈活運用，一腳可以向任何方向移動，另一腳隨即跟著移動一步。

移動後的兩腳間距、身體姿態與移動前保持一致，只是由於來球方向的緣故，身體的朝向也隨之改變。

移動時，蹬地腿、擺動腿移動的幅度都較小，保證重心的平穩。當步法移動完成後，身體重心、身體的狀態都還原到移動前的姿態，重心仍然放在兩腿之間（偏前）。移動中始終保持著支撐腳（蹬地腿）與擺動腿之間的輪流交換，先移動的腿為擺動腿，另一腿為支撐、蹬地腿；而當擺動腿著地後成為了支撐、蹬地腿時，原

來的支撐、蹬地腿的跟上移動動作又使其成為了擺動腿。這種輪流的支撐腿、擺動腿的協調交換，保證了此步法的順利完成及擊球動作的順利進行。

（五）主要發力部位及關節運動

1.移動腿大、小腿前群肌肉的收縮發力拉動腿的移動。

2.蹬地、支撐腿的後群肌肉的收縮發力使人體產生位移。

3.移動腿快速著地成為支撐、蹬地腿，而另一腿的前群肌肉收縮使其成為擺動腿，並迅速跟上移動的前腿。

（六）易犯錯誤

1.支撐、蹬地腿與擺動腿之間的換步交換得不協調。

2.換步後的身體重心及姿態變動太大、太多。

3.動作僵硬，使用肌群不當，用力不協調。

4.對換步的使用不熟練。

（七）糾正方法

1.明確換步步法的動作概念及要點。

2.多做此步法的徒手、上臺、實戰練習。

3.多向教練員、教師請教。

4.適當了解運動生理、解剖、力學、乒乓球基礎理論原理。

六、併步步法

（一）特點

動作簡單實用，移動範圍較大，是一種救球、應急時常用的步法，尤以女選手使用的居多。使用此步法可以迅速穩定重心。

（二）運用時機

1.救球時，前、後腿距離太遠，重心降低、前傾、偏斜，不利於快速再起動，故此時採用併步既可提高重心、穩定重心，又有利於再起動。

2.削球選手退後場時也經常採用此步法。

3.女選手和腿部力量較差的男選手，為了節省體力，減少步法的移動，也經常使用這種步法。

（三）作用

節省體力、穩定重心，有利於再起動。

（四）動作要點（圖7）

併步是以重心所在的腿為支撐腿，另一腿快速地向支撐腿併攏，離支撐腿距離的遠近因來球情況及還擊需要而定。但無論哪種情況，併步步法都是使兩腳之間距離很近，故稱之為併步步法。

支撐腿的蹬地，擺動腿的迅速併攏，使身體重心的高度快速回升，使腿部肌肉由很緊張的負重收縮狀態立即恢復到放鬆或積極性的待發肌緊張狀態，使擊球點重

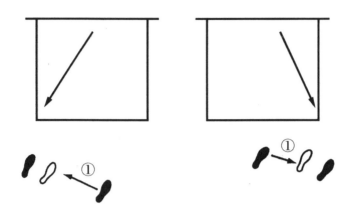

圖7

新在較有利的制高點上，最後揮臂擊球，完成還擊球動作。擊球後的重心仍然還原到準備姿勢。

（五）主要發力部位及關節運動

重心所在的支撐腿的大腿（股二頭肌）、小腿（比目魚肌）的後群肌肉的發力收縮，膝關節彎曲，另一腿（擺動腿）的大腿（股四頭肌）、小腿（腓腸肌）前群肌肉的收縮發力，使其快速向支撐腿併攏。

在兩腿發力過程中，根據移動情況，兩隻腳可以相對不旋轉，也可以有一定的內旋、外旋動作。整個動作中，腰、髖一直參與用力。

（六）易犯錯誤

1.支撐腿沒力量，導致手扶地或多餘的步法出現。

2.擺動腿後群肌肉沒有做適當的收縮，造成膝關節過直，移動速度受影響。

3.根據來球情況進行兩腳的蹬旋，改變身體方向完成的不協調。

4.兩腿之間的距離控制不好，沒有達到併步的要求。

5.腰、髖的發力配合不夠。

（七）糾正方法

1.明確動作概念，掌握乒乓球、生理、解剖、力學的簡單、實用基礎知識。

2.多做此步法練習。

3.加強腿部力量。

4.有條件的話可做滑冰練習或滑冰的陸地練習動作，以輔助此步法練習。

5.多請教和聽取教練員、教師的指導，將此步法與上臺練習、實戰比賽相結合，做針對性的練習。

七、小跳步步法

（一）特點

移動範圍較小，動作簡單實用，便於起動和使重心還原。與碎步、原地步、預動步緊密配合效果更佳。

（二）運用時機

用於每次步法起動前、擊球動作和步法移動完成後的重心還原。

（三）作用

將原地步、碎步、預動步有機地串聯起來，使起

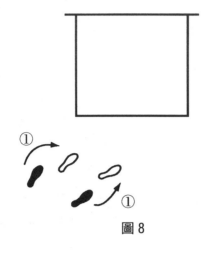

圖8

動、移動、擊球動作如「行雲流水」、渾然一體、協調流暢。

（四）動作要點（圖8）

雙腳前腳掌幾乎同時上下輕輕跳一下或踮一下，根據情況有時兩腳的腳尖並沒有離開地面，只有腳跟離地。無論雙腳的輕跳動作全腳掌是否完全離開地面，但身體重心已完成了起動、跳動的動作，已為根據來球情況做好了身體姿態的正確調整及待發動作。

當某次擊球、移動完成後還原時，同樣是雙腳前腳掌輕輕地跳動一下調整好身體重心及兩腳距離，以待下次擊球。

（五）主要用力部位及關節運動

1.以腰、髖的收縮發力為主。

2.小腿、足部肌肉（前群與後群）共同發力。

3.以中、小肌群的中、小發力為主。

（六）易犯錯誤

1.兩腳用力不均。

2.腿、足發力過大，造成騰空動作及移動範圍過大，重心起伏明顯。

3.易與預動步步法相混。

4.與腰、髖的用力配合不協調。

5.此步法的起動、還原動作肌肉用力不協調，造成動作缺乏節奏感。

（七）糾正方法

1.明確此步法的動作概念、動作要領。

2.掌握乒乓球實用基礎知識。

3.了解運動生理、解剖、力學的實用基本原理。

4.重視此步法，訓練認真，有針對性地進行訓練。

5.注意聽教練員、教師的講解、指導及示範，將此步法與手法練習、實戰練習緊密聯繫起來。

八、跳步步法

（一）特點

跳步移動的幅度比上面介紹的幾種步法都要大些。跳步移動時，常會有短暫的騰空，這會使重心起伏較大，但又因它是雙腳幾乎同時離地與落地，故從另一個角度來說，又有利於身體的穩定，不易失位，故目前許多優秀選手仍廣泛使用此步法。

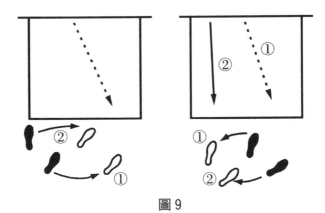

圖 9

（二）運用時機

相持中突然起動時、還原時經常使用此步法，也常用於還擊球速較快、角度較大的來球。

（三）作用

相持、攻防轉換、起動、還原時使用此步法極為有利，是移動範圍較大的銜接步法或仲介步法。

（四）動作要點（圖 9）

跳步在移動前，身體重心首先向需要移動的方向傾斜，傾斜角度的大小因移動距離的大小而定，且二者成正比關係。兩腳幾乎同時蹬地，移動方向的異側腳蹬地用力較大，兩腳同時或幾乎同時離地向移動方向跳動，雙腳可以同時落地，也可用移動方向的異側腿先落地。兩腳落地站穩後，轉腰、揮拍、擊球同步進行。

（五）主要用力部位及關節運動

1.腰、髖首先發力。

2.以與地面夾角小的腳用力為主，即以移動方向的異側腿（腳）用力為主。

3.以兩腿後群肌肉、足心肌肉發力為主。

4.落地後靠膝關節、踝關節周邊的肌群、韌帶的適度張力來緩衝、減小重心的起伏及身體重量對下肢的衝擊。

（六）易犯錯誤

1.兩腳用力配合不協調，沒有同時或沒有幾乎同時蹬地或離開地面，造成作用力分散、移動緩慢且移動範圍小。

2.落地時，膝關節、踝關節周圍肌肉、韌帶的肌張力不適度：過鬆，易造成傷害事故；過緊，則動作僵硬、不協調。

3.運用此步法前，沒有首先使重心傾向移動方向，使腳與地面有一定的夾角，以利於產生側蹬，結果跳動移動時重心向上起伏過大，且移動不夠遠。

4.落地的同時即轉腰面對來球的動作處理不當，往往是先落地後再轉腰，既導致速度慢，又破壞了動作的節奏感與協調性，使落地與轉腰、揮拍、擊球不同步。

（七）糾正方法

1.明確跳步步法的動作概念、動作要領和用力原理。

2.從思想上重視跳步步法，明確跳步步法在每場比賽中使用的頻率高達80%以上。

3. 協調兩腳的用力方向、用力的一致性，這是掌握跳步首要解決的問題。訓練時注意聽教練員的口令做兩腳同時用力的動作。

4. 聽教練員口令，做跳步起動前的兩腳蹬地方向的調整，例如，「左腳外側離地大點，右腳內側離地小點」等。

5. 聽教練員口令，做原地身體重心的前、左、右、斜向的傾斜，之後接跳步起動。

九、跨步步法

（一）特點

動作簡單，實用性較強，移動的幅度中等。但由於跨步屬一步的步法，故常會降低身體重心的高度。所以，這種步法有利於應急、借力還擊，不宜於主動發力。

（二）運用時機

多在球離身體較遠，用多步步法來不及，且來球速度較快、角度較大的應急、相持時使用。

（三）作用

及時跟上來球節奏，借力「打」力，快速還擊，扭轉劣勢。

（四）動作要點（圖10）

跨步，在移動前身體重心首先向將移動的方向傾斜，傾斜角度因移動範圍的大小而定。之後，移動方向

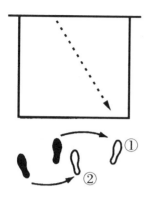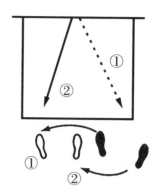

圖10

的異側腳用力蹬地，用力的大小因移動範圍的大小而定；同側腳向移動方向邁出一大步，這一步距離的遠近同樣是根據來球情況而定。

同側腳移動到位後，重心迅速移至該腳，而蹬地腳也隨著蹬離地面力量的慣性貼著地面跟上一小步，使重心重新落在兩腳中間。

對於選手而言，跨步的重點是跨出的這一步，而另一腿從感覺上而言，應該沒有感覺到有多大移動（或未移動），只是本能的、自然的跟進。

跨出腳的腳尖可以指向體側，也可指向體前，可根據選手個人落地腳旋內、旋外或不旋的習慣而定。

轉腰、揮拍、擊球要與跨出腳的落地同步進行，這是腰、腳、手在擊球瞬間協調配合的最關鍵的一個環節。

（五）主要用力部位及關節運動

1. 移動方向的異側腿、足的屈肌群（即腿的後群肌肉）、足的足心肌肉的收縮發力，為蹬地時主要力量的來源。

2. 移動方向的同側腿（擺動腿）、足的前群肌肉（伸肌）收縮發力，為跨出遠近的主要力量的來源。

3. 支撐腿的膝關節是一個由屈到伸的過程，而擺動腿的膝關節則正好相反，是由伸到屈的過程。

4. 整個過程中，腰、髖都是首先發力及協調兩腿發力的。

（六）易犯錯誤

1. 移動前缺乏重心，向移動方向的傾斜，造成起動慢。

2. 跨出的擺動腿步幅，過大或過小，造成擊球位置不準。

3. 支撐腿與擺動腿的膝關節，由屈到伸和由伸到屈的順序及用力不恰當，造成步法移動的不協調。

4. 擺動腿落地與轉腰、揮拍、擊球的同步效果沒有達到，造成擊球動作缺乏節奏感，用力不協調。

（七）糾正方法

1. 明確跨步步法的動作概念、動作要領和用力原理。

2. 懂得如何運用膝關節的由屈到伸及由伸到屈的時機。知道擺動時運用伸肌群，蹬地時運用屈肌群，並使

對側對抗肌群做適當的肌緊張，避免關節受傷。

3.多請教教練員、教師，聽其講解，看其示範，並牢記動作口訣。

4.按教練員的口令做有針對性的練習：

（1）鳴哨後做擺動腿與轉腰、揮拍、擊球同步練習。

（2）聽哨聲做蹬地（支撐腿）的專門練習。

（3）聽哨聲做蹬地、跨步、轉腰、揮拍、擊球的結合練習。

（4）以滑冰的陸地練習作為此步法的輔助練習。

十、滑步步法

（一）特點

移動範圍較大，重心平穩，重心轉換迅速，實效性強。

（二）運用時機

當相持且來球離身體較遠時使用，移動後兩腳距離基本不變，利於連續快速回擊來球。

（三）作用

滑步是大範圍移動步法中重心最穩的一種，使用此步法便於攻守平衡，不易失位，是攻守轉換、結合其他步法的極重要的仲介步法。

圖 11　以向右移動爲例（向左、右移動均可，方法相同）

（四）動作要點

1. 兩步滑步步法的動作要點（圖 11）

　　移動方向的異側腿、腳首先蹬地發力，腳外側離開地面，腳內側著地並與地面有一定的夾角，角度的大小因發力的大小、移動範圍的大小而定；異側腳蹬地發力後快速靠攏支持腿、腳，並迅速落地站穩；與此同時，移動方向同側腿（原支撐腿）的腳外側用力蹬地，並向移動方向滑出一步。

　　移動過程中，移動方向的異側腿，先為擺動腿，後為支持腿；移動方向的同側腿，先為支撐腿，後為擺動腿，最後重心移至兩腳中間。移動中重心雖有短暫的在兩腿間交換的過程，但基本上是一直保持在兩腳之間的位置上。

　　移動方向同側腿落地與轉腰、揮拍動作同步。整個

乒乓球步法的技巧

圖 12　以向右移動爲例（向左、右移動均可，方法相同）

移動過程中兩腳均貼著地面滑動，膝關節始終微屈。

2. 三步滑步步法的動作要點（圖12）

移動方向的同側腿、腳首先蹬地，移動一小步，而後移動方向的異側腿、腳快速跟進一大步，緊接著同側腿、腳向移動方向再滑出一步。

三步滑步步法因其步數較兩步滑步步法多一步，因此，每步的移動距離相對小一點，蹬地腳與地面的夾角也很小，重心相對更爲平穩。

移動過程中，移動方向的同側腿先爲蹬地、擺動腿，後爲支撐腿；而移動方向的異側腿先爲蹬地、支撐腿，後爲擺動腿；緊接著移動方向的同側腿又成爲了擺動腿，而另一腿則又成爲了支撐腿。這種快速、短暫的重心交換，保證了重心始終在兩腿之間附近，使揮拍擊球更穩定。

移動方向同側腳著地與轉腰、揮拍動作同步進行。

整個移動過程中兩腳始終緊貼地面做有節奏的、平穩的「滑動」，膝關節始終保持微屈狀態。

三步滑步的節奏應是：一小步，兩大步；一步慢，兩步快；一虛步，兩實步。

（五）主要用力部位及關節運動

兩步與三步滑步的主要用力部位是一樣的，只是用力大小、支撐腿與擺動腿重心交換的頻率與次數有所區別。

1. 由腰、髖的轉動、發力開始。

2. 兩步滑步先是移動方向異側腿蹬地、發力，而三步滑步則是移動方向同側腿蹬地、發力，發力時都是腿的後群肌肉收縮，膝關節微屈，踝關節相對較放鬆；而後，兩步滑步的同側腿、三步滑步的異側腿的後群肌肉收縮發力，此時兩步滑步的步法已完成，而三步滑步還需同側腿的後群肌肉再次收縮發力來完成。

3. 蹬地時用力肌群為腿的後部肌群，多為支撐腿；擺動時用力肌群為腿的前部肌肉群，多為擺動腿。

4. 腰、髖關節保持扭轉狀態，膝關節保持微屈狀態，踝關節保持適當放鬆狀態。

（六）易犯錯誤

1. 兩步滑步易犯錯誤

（1）移動方向的異側腿蹬地用力的大小及角度不當，移動範圍不合適，沒有靠近支撐腿。

（2）移動時兩隻腳不是「滑動」，而是「跳動」或「跨動」。

（3）重心起伏過大。

（4）膝關節沒有微屈，踝關節沒有放鬆，髖關節沒有扭轉。

（5）最後一步落地與轉腰、揮拍動作未同步。

2. 三步滑步易犯錯誤

（1）與兩步滑步的蹬地角度大小、用力大小和移動範圍大小相混淆。

（2）移動時兩腳不是「滑動」，而是「跳動」或「跨動」。

（3）重心不平穩。

（4）髖關節未扭轉，膝關節未微屈，踝關節未放鬆。

（5）最後一步落地與轉腰、揮拍動作未同步。

（6）三步滑步節奏不對，未能「一小兩大」「一慢兩快」和「一虛兩實」。

（七）糾正方法

1. 兩步滑步糾正方法

（1）請教練員、教師手把手地教，注意傾聽教練員的講解、示範，體會口訣。

（2）真正領會「滑動」的含義，是貼著地面滑動，而不是其他的步法演變。

（3）有條件時可以觀看滑冰動作，並做滑冰練

習，做輔助活動亦可，從中體會「滑」的動作內涵。

（4）聽專業教師講解動作原理和技術分析。

（5）與手法、擊球、實戰結合進行訓練。

（6）針對性訓練。

2. 三步滑步糾正方法

（1）掌握動作概念、動作要領，真正領會「滑動」的含義。

（2）請教練員、專業教師講解、示範，傳授心得、體會、注意事項及口訣。

（3）有條件時可以觀看滑冰練習或親自做滑冰的輔助練習，以便達到領會、體會、學會「滑動」動作內涵的效果。

（4）聽專業教師講解動作原理和技術分析。

（5）注意「一小兩大」「一慢兩快」和「一虛兩實」的動作要領。

（6）做與手法、擊球、實戰相結合的有針對性的輔助練習。

十一、蹲步步法

（一）特點

動作快、突然，伴有一定的下意識動作，重心起伏大。

（二）運用時機

多在處於遠臺時救剛出臺的臺下球時使用，削球選

手使用的頻率較高。

（三）作用

在應急時或採用其他步法來不及時，用快速下蹲動作將「凶險」的來球救回。

（四）動作要點

蹲步有時在應急的時候來不及移動步法，只是快速地彎腰、伸臂、伸拍，大腿、小腿迅速彎曲下蹲。根據來球的情況，有時大、小腿折疊在一起，足跟提起，準備還原或再起動。蹲步常與單步、跨步等結合使用。

（五）主要用力部位及關節運動

1.腰、髖的前屈，腹直肌群的發力收縮使身體前傾。

2.大、小腿後群肌肉借重力的作用快速收縮，膝關節幾乎是最大或接近最大範圍地彎曲。

3.踝關節周圍肌肉群緊張、收縮，使踝關節保持緊張狀態。

（六）易犯錯誤

1.下蹲不及時。

2.膝關節屈得不夠。

3.未能提踵，以致再起動困難。

4.上體挺直，彎腰不夠。

5.與其他步法結合得不協調。

6.未借上身體重力作用。

（七）糾正方法

1. 利用多球針對性訓練法強化此步法練習，與其他步法結合使用。

2. 注意聽、看教練員的講解與示範。

3. 在實戰中體會遇到能使用此步法時的感受。

4. 明確此步法運用時機，切忌濫用。

十二、弓箭步步法

（一）特點

在一步移動步法中，這種步法的動作幅度最大，移動範圍最大，重心降低最大。

（二）運用時機

1. 前弓箭步

此步法多在離臺較遠與對方相持過程中，對方突然減力擊球且動作隱蔽、突襲性強的情況下，採用多步步法來不及，採用少步步法又搆不到時採用。

2. 後弓箭步

使用的時機同前弓箭步步法，只是這樣向後的弓箭步法，只有削球選手退後臺防守對方的突擊球（大角度）時多採用。

（三）作用

過渡「凶險」來球，調節身體位置、重心，尋找最佳擊球站位。因其幅度特大，動作中間環節少，故能搆到速度快、距離遠的來球。

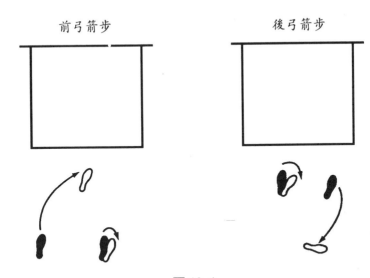

前弓箭步　　　　　　　後弓箭步

圖 13-1

（四）動作要點（圖13）

1. 前弓箭法

身體站位離臺較遠，當來球在身體正前方較遠且快速下落時，持拍手的異側腳向來球方向邁出一大步，同時持拍手的同側腳外旋用力蹬地，重心迅速由同側腳移向異側腳。同側腿用力蹬直，異側腿屈膝，膝關節成90°左右，成弓箭形步法。

異側腿落地的同時，轉腰、揮拍、擊球，並迅速還原。

2. 後弓箭步

身體站位於中臺左右，多為削球選手防對方突擊追身球、大角度來球時使用。當判斷來球在體側、體後且

圖 13-2　前弓箭步步法

速度較快時，持拍手的同側腿（無論是回接正手、反手
球）快速向來球方向邁出一大步。

　　來球在正手位方向時，轉體 180°以內，異側腳內
旋用力蹬地；球在反手位方向時，轉體 180°以上，異
側腿外旋並用力蹬地。

　　同側腿落地後借助腳制動的摩擦力、身體前衝的慣
性力的作用，膝關節屈成 90°左右；異側腿蹬地發力後
自然伸直，兩腿形成弓箭步步法。

　　同側腿落地與轉腰、引拍、揮拍擊球的一系列動作

同步進行。注意擊球後步法的迅速還原。

（五）主要發力部位及關節運動

1.前弓箭步

（1）腰、髖首先發力。

（2）持拍手同側腿的後群肌肉發力，足心肌肉發力蹬地，踝關節背屈，膝關節伸直。

（3）持拍手異側腿的後群肌肉、足心肌肉首先發力蹬地，而後異側腿的前群肌肉收縮發力，使該腿迅速擺動到所需移動的位置上去，踝關節做伸的動作制動，膝關節屈成90°左右。

2.後弓箭步

（1）腰、髖的扭轉發力。

（2）持拍同側腿、異側腿及其足心肌肉、後群肌肉的發力、蹬地；異側腿膝關節伸直，踝關節背屈，蹬地腳做內旋或外旋動作。

（3）持拍手同側腿的前群肌肉收縮發力，使該腿迅速擺動到所需移動的位置上去，踝關節做伸動作制動，膝關節屈成90°左右。

（六）易犯錯誤

1.腰、髖沒有轉向移動方向或轉動不夠。

2.弓出的一步不夠大。

3.蹬地腳用力不夠充分。

4.因重心起伏過大，造成擊球不準或擊球失誤。

5.蹬地腳缺乏內旋或外旋動作。

（七）糾正方法

1.因這種步法不太常用，故更應注意教練員的講解、示範及運用時機。

2.明確動作概念和動作要領。

3.在教練員的指導下，利用多球做有針對性的練習及與其他步法結合的練習，切忌濫用。

十三、墊步步法

（一）特點

動作簡捷、實用，其起動與制動速度均較快，而且具有節省體能的效果。

（二）運用時機

用一步步法移動時，範圍不夠，用兩步步法移動時，範圍又有餘，此時是運用墊步步法的最佳時機，因為墊步相當於一步半。削球選手使用這種步法的頻率較高。

（三）作用

節省步數，提高移動速度，能起到調整重心及銜接其他步法的作用。

（四）動作要點（圖14）

墊步可以向前、後、左、右移動，其要點體現在「墊」上，墊的動作幅度只相當於正常步法的半步。

1. 向左移動

移動方向的異側腿向同側腿「墊」半步，然後落

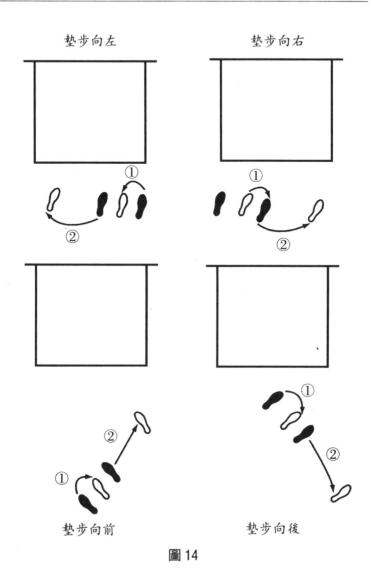

墊步向左　　　　　　　　墊步向右

① ② ② ①

② ②

① ①

墊步向前　　　　　　　　墊步向後

圖14

地，變該腿為蹬地、支撐腿。而移動方向的同側腿則順
勢向移動方向邁出一大步，然後落地並制動，身體重心

也隨之移到兩腿中間。其動作有點像兩步滑步，只是步幅的大小及節奏不同。轉腰、揮拍與腳落地同步進行。

2. 向右移動

其移動方法、要領同向左移動，只是方向相反。

3. 向前移動

移動方向的異側腿向同側腿方向「墊」半步後落地，並且使該腿由擺動腿變為支撐蹬地腿，而移動方向的同側腿則順勢向移動方向（向前）邁出一大步，然後落地並制動，身體重心也隨之完成了兩腿之間的交換，重新落在兩腿之間。注意最後一步腳落地與轉腰、揮拍擊球動作同步進行。

4. 向後移動

其移動方法、要領同向前移動，只是方向相反。

（五）主要發力部位及關節運動

1. 向左移動

右腿伸（前）肌群收縮發力，足心蹬地，膝關節微屈，踝關節背屈，向左腿「墊」出半步，同時該腿由擺動腿變為支撐腿。此時左腿伸肌群收縮用力，膝關節伸直，踝關節做伸的動作向移動方向擺動，然後落地制動，重心落在兩腿之間。

2. 向右移動、向前移動、向後移動

其發力部位、肌群，關節的運動形式與向左移動的情況基本一致，只是方向不同而已。

（六）易犯錯誤

1. 動作要領、動作概念不清。

2. 易與兩步滑步動作相混淆。

3. 「墊」的動作精髓沒有掌握。

4. 墊步移動節奏（半步→一步）運用不當，導致移動不到位。

5. 墊步移動與轉腰、揮拍、擊球動作的配合不協調，造成手、腳脫節現象。

6. 墊步應用不當，給人予跛腳的感覺。

（七）糾正方法

1. 多請教教練員、教師，聽其講解，看其示範，掌握動作要領。

2. 按教練員的要求做有針對性的練習：

（1）徒手練習

墊步的腳支撐，另一條腿不許落地，聽教練員口令（鳴哨）做墊的動作。如此反覆數組再換另一腿做同樣的練習。

（2）多球練習

採用多球強化練習，使手法、墊步步法、轉腰、揮拍、擊球協調一致。

3. 訓練內容、方法多種多樣，但原理只有一個，所以還是應該明確動作概念，掌握用力原理，懂得關節運動規律。

4. 在有條件的情況下，可以做羽毛球運動員的墊步

步法練習，這樣既可用羽毛球做乒乓球運動員的身體訓練，又可以強化墊步步法，一舉兩得。

十四、墊跨步步法

（一）特點

基本同於墊步步法和跨步步法，屬於兩種步法的部分組合。

（二）運用時機

多在應急、快速起動且最後一步需大幅度跨出時使用。快攻、弧圈、削球類型的選手均經常採用這種步法來回接快速、大角度的來球。

（三）作用

快速應急，跟上來球節奏，尋找機會，扭轉劣勢。

（四）動作要點（圖15）

墊跨步同墊步步法一樣可以向前、後、左、右、斜向移動。墊跨步的要點一是「墊」，二是「跨」。「墊」的移動範圍在半步左右，「跨」的移動範圍在一步以上。

墊跨步動作腰、髖的首先發力和收縮用力較大，扭轉動作也更為突出。

墊跨步步法移動方向的異側腿是完成動作的關鍵：首先，異側腿短促地蹬地墊出半步，緊接著靠近同側腿落地後加力爆發蹬地，踝關節內屈，足心肌肉爆發用力，膝關節接近蹬直，大、小腿後群肌肉爆發用力。與

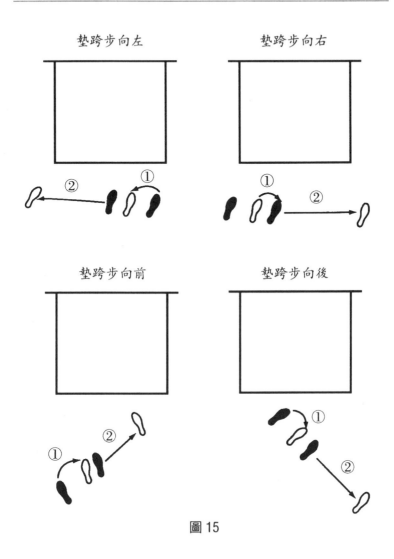

墊跨步向左　　　　　墊跨步向右

墊跨步向前　　　　　墊跨步向後

圖 15

此同時，移動方向同側腿前群肌肉（伸肌）群收縮發力，使該腿大範圍、大幅度地向來球方向跨出一大步。腳落地的同時轉腰、揮拍、擊球。

墊跨步與墊步動作有區別，有聯繫。動作前半段「墊」的動作基本一致，只是用力大小不同；動作後半段則不相同，一個是正常邁步，一個是大幅度跨步，且用力大小、移動範圍均相差甚遠。

（五）主要用力部位及關節運動

　　墊跨步的主要用力部位及關節運動形式與墊步基本一致，只是用力大小、關節運動的幅度不同而已。

（六）易犯錯誤

　　1.將墊步與墊跨步混為一談，造成用力強度太小、移動範圍不大的後果。

　　2.腰、髖關節、膝關節、踝關節的活動幅度較小，造成肌肉收縮發力的力量不足。

　　3.對墊跨步動作概念、動作要領理解不深，該「墊」的步法不夠短與快，該「跨」的步法不夠長與遠。

　　4.此步法移動的節奏不正確，與支撐蹬地腿、擺動跨出腿的用力不協調有關，造成移動不到位、擊球不準確的後果。

　　5.最後跨步腳落地與轉腰、揮拍、擊球動作不同步，不協調，造成動作脫節。

（七）糾正方法

　　1.明確動作概念、動作要領、發力原理。

　　2.正確認識墊跨步步法在乒乓球比賽中的極其重要的作用。

3. 多請教教練員，多觀察高水準選手如何使用此步法。

4. 按教練員的要求做有針對性的訓練：

（1）徒手練習

聽教練員口令做墊跨動作，例如，喊「1」時做「墊」動作，喊「2」時做跨動作，如此往覆。

（2）多球練習

強化這種步法，主要利用多球來協調最後一步腿落地與轉腰、揮拍、擊球動作的同步。

5. 有條件的情況下可利用羽毛球項目作為乒乓球運動員的輔助練習，這樣既提高了身體素質，又練習了墊跨步步法。

十五、蹬跨步步法

（一）特點

動作簡單，出腳速度快，讓位速度快，蹬地有力，移動範圍大。

（二）運用時機

兩面攻選手的追身區域是「先天的」，格局上的缺陷，是對手主要的攻擊目標。採用蹬跨步的目的就是針對對手壓中路、突擊兩角的戰術，這樣易於扭轉劣勢，形成相持，伺機反攻，變被動為主動。

（三）作用

能使步法及時到位，還擊大角度的、快速的來球。

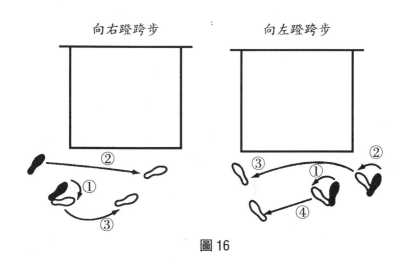

向右蹬跨步　　　　　向左蹬跨步

圖 16

（四）動作要點（圖 16）

1. 向右移動的蹬跨步步法

　　持拍手的同側腳外旋，用力蹬地（這是蹬跨步與跨步的主要區別所在，兩者的區別就在於蹬地起動的力量不同，從而使跨出的遠度不同），同時持拍手異側腳向來球方向跨出一大步，前腳掌著地，制動身體沖擊的慣性，重心迅速移至該腳，而蹬地腿也隨著蹬離地面的慣性貼著地面跟上一小步，使重心重新落在兩腿中間。

　　整個動作始終要以轉腰帶動身體，面向來球方向。轉腰、揮拍、擊球要與跨出腳的落地、另隻腳的跟進同步進行。

2. 向左移動的蹬跨步步法

　　持拍手的異側腳首先做外旋動作，緊接著同側腳做內旋動作，轉動腰、髖，帶動身體面向來球方向。與此

同時，持拍手異側腳用力蹬地，同側腳借力向來球方向跨出一大步，蹬地腳也隨著蹬離地面的慣性貼著地面跟進一步，兩腳前腳掌著地後迅速制動身體前衝的慣性，重心快速過渡到兩腿之間。

整個動作要保證兩腳的著地與轉腰、揮拍、擊球動作同步進行。

（五）主要用力部位及關節運動

整個蹬跨步步法的主要用力部位及關節運動形式與跨步步法基本相似，所不同的是蹬地腿的用力較大，跨出腿的移動距離較遠。

（六）易犯錯誤

1.同跨步步法。

2.蹬地腳爆發力不夠。

3.跨出腳落地制動不夠，以致身體隨著慣性繼續前衝。

4.身體重心在步法移動過程中起伏過大。

5.對蹬跨步是一種應急起動的實戰性很強的步法缺乏認識。

（七）糾正方法

1.同跨步步法。

2.加強身體訓練，加強腿、足部的力量練習。

3.在有條件的情況下，可用羽毛球練習作為乒乓球運動員訓練的輔助練習，這樣既可以提升身體素質，又可以練習蹬跨步步法。

4. 用多球做針對性強化的練習。

十六、兩步蹬跨步步法

（一）特點

移動範圍特別大，實戰性強，能夠連續不斷地發動進攻。

（二）運用時機

在自己正手的大角度或小角度擊球後，對手又把球回到自己的反手位置，為了爭取主動，便於正手連續進攻，經常採用由正手位向反手位兩次蹬跨的步法。

（三）作用

取得主動，將優勢轉為勝勢。

（四）動作要點（圖 17）

1. 最後一步同側腳著地的兩步蹬跨步步法（圖 17-1）

身體重心傾向移動方向，兩次蹬跨都是持拍手同側腳掌內側發力蹬地，異側腳相應跟隨。第一次蹬跨後是同側腳先著地，與此同時異側腳點地後隨即順勢彈起，為第二次蹬跨的大幅度跨出和落地做好準備。

在步法移動過程中，兩腿膝關節微屈，身體重心下降，身體始終面對對手。

第一次的蹬跨力較小，移動範圍較小，第二次蹬跨借用上一次蹬跨的慣性順勢疊加發力，使移動範圍達到最大。

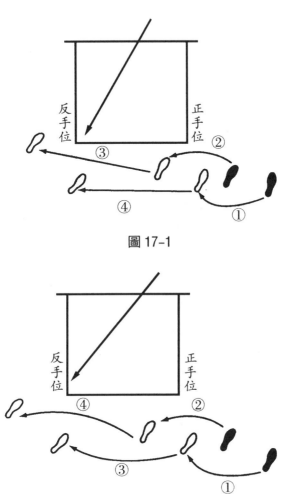

圖 17-1

圖 17-2

第二次蹬跨是異側腳先著地，前腳掌外側離開地面，腳掌內側用力制動身體慣性，身體重心盡量向同側腿方向傾斜，以控制重心的穩定。同時同側腿盡量貼著

地面移動跟進，避免同側腿抬得較高，造成身體翻轉。

最後一步腳落地與轉腰、揮拍、準備擊球動作同步進行。使用此步法多半是處於較為主動的局面。

2. 最後一步異側腳著地的兩步蹬跨步步法（圖 17-2）

前半部的動作要點與 1 中所述的內容基本一致。

後半部的動作要點是，第二次蹬跨是同側腳先著地，前腳掌內側離開地面，身體重心傾向同側腿方向，這一切都有著制動慣性的作用。緊接著異側腳大幅度地側跨，既達到大範圍地移動步法，又達到控制、穩定身體重心的目的。

最後一步落地與轉腰、揮拍、準備擊球動作同步進行。使用此步法多半是處於相持或較被動的局面。

（五）主要發力部位及關節運動

1. 最後一步同側腳著地的兩步蹬跨步法的主要發力部位及關節運動。

兩次蹬跨都是同側腳掌內側發力蹬地，踝關節蹬旋，足部屈，膝關節由屈到伸。異側腳輕輕蹬地跟隨，著地後彈起，伸肌收縮拉扯異側腿向移動方向跨出一大步，膝關節由屈到伸。異側腳落地後，腳掌內側用力制動側蹬，腰、髖向同側腿方向收縮、側屈。

2. 最後一步異側腳著地的兩步蹬跨步法的主要用力部位及關節運動。

兩次蹬跨都是同側腳腳掌內側發力蹬地，踝關節蹬

旋，足部（足心）屈，膝關節由屈向伸運動。

異側腳第一次蹬跨時跟隨移動。第二次蹬跨時，在同側腿落地後，異側腿後群屈肌收縮發力、蹬地，緊接著該腿前群伸肌收縮發力，使其大幅度地向移動方向跨出一大步，前腳掌內側著地，踝關節內旋、背屈，膝關節由伸到屈制動、緩衝身體前衝慣性，腰、髖向同側腿方向傾斜、側屈。

由於「兩步蹬跨步步法」是從正手位向反手位的大範圍移動，蹬地力量也用了最大的蹬力，因此，重心的起伏也最大。所以，使用此步法時，腰、髖、上肢與其協調的配合、運用及節奏是至關重要的。

（六）易犯錯誤

1. 最後一步什麼時候用同側腿、什麼時候用異側腿不清楚。

2. 第二次蹬跨步不到位，幅度不夠大。

3. 解決不了重心穩定、平衡的問題。

4. 蹬跨步運用不當，看似側滑步，造成移動慢、範圍小。

5. 最後一步制動不當，造成重心不穩，甚至摔倒。

6. 沒有節奏感。

（七）糾正方法

1. 仔細聽教練員、教師的講解，注意觀察其動作示範，反覆、認真觀察，不懂的就問，多請教。

2. 明確動作概念、動作要領及用力順序與原理。

3. 明確「兩步蹬跨步步法」的難點是第二次蹬跨及什麼時候同側腿最後著地，什麼時候異側腿最後著地。

4. 採用多球訓練法。

（1）針對性訓練。

（2）同側腳最後落地訓練。

（3）異側腳最後落地訓練。

（4）節奏感訓練。

（5）強化局部環節，如第二次蹬跨訓練。

5. 與實戰結合，有意識地運用此步法的訓練。

6. 透過教練員、同伴的意見反饋，以及錄影反饋與觀看比賽，來提高此步法的運用能力。

十七、側身步步法

側身步嚴格地說不是我們研究種類中的一種獨立步法，它只是諸多步法根據乒乓球運動實戰的具體情況在側身位的應用。但是因為它在實戰中的極其重要的作用，因為它在側身反手位得天獨厚的特殊位置，又因為它是比賽雙方「拼命」搶佔、爭奪的「咽喉」要地，考慮到它的特殊性（雖屬應用步法範疇，不屬功能步法範疇），所以仍然把它列為步法技術分析、研究之列。

側身步常用的可分為單步側身步、跨步側身步、兩步蹬跨側身步、跳步側身步和滑步側身步。

（一）單步側身步步法

1. 特點

移動快，動作小，側身隱蔽、突然，但難於發大力。

2. 運用時機

通常在來球處於身體中間附近的位置與對方相持的情況下使用。

3. 作用

快節奏、短頻率襲擾對手，靠正、反手擊球面的變化、方式的變化、身體動作的變化、節奏的變化打亂對方陣腳，爭取主動。

4. 動作要點

（1）邁同側腿的單步側身步動作要點（圖18）

異側腿、腳做蹬地、內旋動作，腰、髖大幅度向同

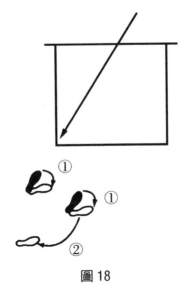

圖18

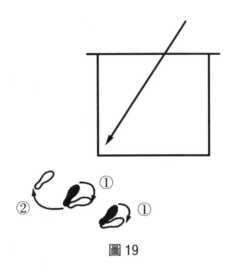

圖 19

側腿方向轉動，帶動同側腿跟隨轉動，同側腳蹬地，外旋後移向異側腿的側後方，重心落於兩腿之間（偏向異側腿）。

同側腿的落地與轉腰、揮拍、擊球動作同步進行。

邁同側腿的單步側身步動作要點的其他方面，同正常的單步步法基本一致。

（2）邁異側腿的單步側身步動作要點（圖 19）

同側腿、腳做蹬地、外旋動作，腰、髖大幅度向同側腿方向轉動。

異側腿蹬地內旋後，向來球方向的側前方邁出較大的一步，重心隨之移向該腳。

異側腿的落地與轉腰、揮拍、擊球動作同步進行。

邁異側腿的單步側身步動作要點的其他方面，同正常的單步步法基本一致。

5. 主要用力部位及關節運動

（1）邁同側腿單步側身步的主要用力部位及關節運動

基本同正常單步步法的用力及關節運動一致，只是增加了腳的旋內、旋外動作，腰、髖的大幅度轉動和擺動腿的旋轉移動換位。

（2）邁異側腿單步側身步的主要用力部位及關節運動

基本同正常單步步法的用力及關節運動一致。除此之外，增加了兩腳的旋內、旋外的動作，腰、髖的大幅度轉動及側屈和擺動腿的側跨移動換位。

6. 易犯錯誤

（1）基本同正常單步步法。

（2）兩腳蹬旋動作不夠。

（3）腰、髖轉動幅度不夠。

（4）擺動腿側旋、側跨動作沒有或不足，造成讓不開位、發不出力的後果。

（5）缺乏節奏感。

7. 糾正方法

（1）基本同正常單步步法。

（2）明確單步步法在側身位運用的必要性和特殊性。

（3）針對性地做兩腳蹬旋，腰、髖轉動，腿的旋轉、擺動練習。

（4）練習中，採用看到對方出手後，確定是自己的反手位時，才突然使用單步側身步法側身還擊，藉以強化對單步側身步法的運用時機的掌握，使之更接近實戰。

（5）用（4）的方法訓練提高此步法的節奏感，避免重心起伏過大。

（二）跨步側身步步法

1.特點

移動較快，動作較小，側身較充分、突然、隱蔽，發力較大。

2.運用時機

來球在側身位、異側腿的位置時經常採用。

3.作用

除具有單步側身步作用外，還具有發力較大、重心較穩、讓位較充分的作用。

4.動作要點（圖20）

（1）基本與正常的跨步動作要點相同。

（2）異側腳先向來球方向跨出一步，然後腰、髖大幅度轉動，同側腳隨即向異側腳的側後方移動，同時上體側轉、收腹，讓出擊球位置。重心落在同側腿上。

（3）同側腳落地、蹬地、轉體、轉腰、引拍、揮拍、擊球依次進行。根據具體情況，當來球很急時，也可以在同側腳落地，蹬地轉腰的同時即揮拍進行還擊。

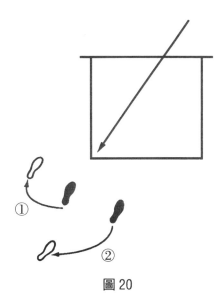

圖 20

5. 主要用力部位及關節運動

（1）基本上與正常跨步的主要用力部位及關節運動相同。

（2）腰有側轉（向同側）動作，同側腿有旋轉擺動動作。

（3）踝關節有內旋（異側腳）、外旋（同側腳）的蹬旋動作。

6. 易犯錯誤

（1）基本與正常跨步易犯錯誤相同。

（2）缺乏踝關節的蹬旋動作，造成蹬地力量不足，影響異側腿、同側腿的移動方向。

（3）腰、髖沒有向同側腿方向側轉，讓出擊球位

置。

（4）步法移動時缺乏節奏感。

（5）側身跨步與正常跨步相混淆。

7. 糾正方法

（1）基本同正常跨步動作易犯錯誤的糾正方法。

（2）進行專門的跨步在側身位運用的訓練。

①聽「側身」的口令後，兩腳迅速做內旋與外旋動作。

②聽「跨步」的口令後，做同側腳外旋後的旋轉後擺、異側腳的側前跨步移動。

③聽「還原」口令後，恢復到準備姿勢。

（3）按以上順序採用多球方法來進行強化訓練。

（4）注意找出側身跨步與正常跨步的區別是糾正錯誤動作的關鍵。

（三）兩步蹬跨步側身步法

1. 特點

同兩步蹬跨步步法。

2. 運用時機

與兩步蹬跨步步法基本一致，只是側重於側身位。

3. 作用

與兩步蹬跨步步法基本一致，更主要的是完成側身位的進攻，爭取主動。

4. 動作要點（圖21）

與兩步蹬跨步步法基本一致，只是在起動的位置、

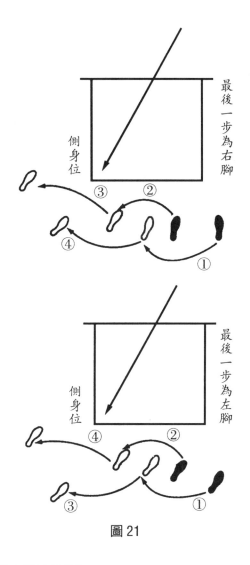

圖 21

準備姿勢上略有不同。

　　兩步蹬跨步步法用在側身位置上，其主要任務就是完成側身位的進攻。

5. 主要用力部位及關節運動

（1）與正常的兩步蹬跨步步法基本一致。

（2）同側腳的蹬地力量、腳與地面所形成的蹬離角度均小於正常兩步蹬跨步。

6. 易犯錯誤

（1）同正常兩步蹬跨步步法易犯錯誤。

（2）此步法需要解決的重點是提高對側身位置的重視。

7. 糾正方法

（1）與正常兩步蹬跨步步法糾正方法基本一致。

（2）明確運用此步法的重點是側身位。

（四）跳步側身步步法

1. 特點

移動速度不很快，移動範圍較大，隱蔽性、突然性較單步側身、跨步側身為差。

2. 運用時機

在相持或本方較主動時使用較多。

3. 作用

有利於正手發力攻球或發力拉、沖弧圈球，讓位充分。

4. 動作要點（圖 22）

（1）基本同正常的跳步動作要點。

（2）跳動中，腰、髖向同側腿方向轉動。

（3）在腰、髖轉動力量的帶動下，跳動中同側腿

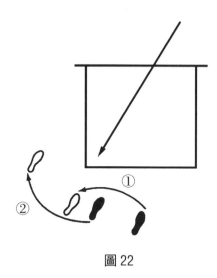

圖 22

有旋外的動作，異側腿有旋內的動作。

（4）兩腳在跳動離開地面的瞬間，有蹬旋的動作用力。

（5）頭、眼的方向始終朝向來球的方向。

（6）腳著地與轉腰、揮拍同步進行。

5. 主要用力部位及關節運動

（1）基本同正常的跳步主要用力部位及關節運動相一致。

（2）增加了轉腰的幅度。

（3）增加了兩腳的蹬旋用力。同側腳外旋，異側腳內旋，踝關節除了屈、伸動作外，還做內收、外展的動作。

（4）膝關節除了旋內、旋外、內收、外展外，屈

曲的程度更大。

6. 易犯錯誤

（1）找不出側身跳步與正常跳步的異、同點。故缺乏對轉腰幅度，膝、踝關節內收、外展、旋內、旋外的理解，造成蹬轉力不足，側身時身體所朝方向不正確。

（2）對跳步側身的運用時機、作用理解和認識不足。

（3）用正常跳步側身，以致用力方向不協調，轉腰幅度小而側不開身，膝關節屈曲不夠，不能穩定身體重心、緩衝慣性力，使擊球動作不穩、擊球不準。

（4）用正常跳步側身還容易造成跳步側身的節奏不正確，產生動作不協調的現象，使擊球易出現失誤。

7. 糾正方法

（1）基本同正常跳步動作易犯錯誤的糾正方法。

（2）明確側身跳步步法與正常跳步步法的異同點是糾正錯誤動作的關鍵。

（3）進行側身跳步步法專門的、針對性的訓練，如多球強化訓練，聽口令上、下肢分解訓練，強化轉動訓練——轉腰幅度、轉膝動作、踝關節的蹬轉、內外旋動作。

（4）注意觀看電視轉播、錄影帶等。

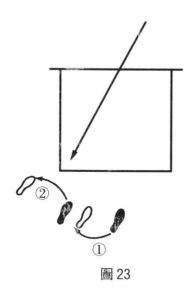

圖 23

（五）滑步側身步步法

1. 特點

移動速度不很快，但移動距離較大，重心較平穩，隱蔽性、突然性較單步為差。但因其兩腳都是貼著地面「滑」動，所以即使對手偷襲正手時，二次起動速度也極快。

2. 運用時機

相持或本方較主動時使用此步法。

3. 作用

讓位充分，有利於正手的加力攻球及加力拉、沖弧圈球。

4. 動作要點

（1）兩步滑步側身步步法動作要點（圖 23）

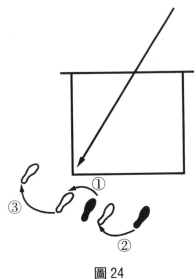

圖 24

①兩步滑步側身步步法的動作要點與正常兩步滑步步法的動作要點基本相同。

②兩步滑步側身步法主要用於側身位。

③由於這種步法用於側身位，所以在滑動側身時，腰、髖引拍轉動幅度較大，同側腳蹬轉時有外旋動作，異側腳蹬轉時有內旋動作。

④異側腳第二步滑步一定要滑出去、滑到位（超過異側腳所對的邊線），落地時腳掌內側著地，制動身體的慣性，使重心穩定。

（2）三步滑步側身步步法動作要點（圖24）

①三步滑步側身步步法的動作要點與正常的三步滑步步法的動作要點基本一致。

②三步滑步側身步步法主要用於側身位。

③此步法較正常三步滑步的轉髖幅度大，腿與足在移動過程中均有蹬、旋的動作（同側腿、腳外旋，異側腿、腳內旋）。

④異側腳的第三個滑步一定要根據來球滑到位，保證上體充分側開，落地時用腳掌內側，制動身體慣性，控制身體重心。

5. 主要用力部位及關節運動

（1）兩步滑步側身步步法的主要用力部位及關節運動

①基本與兩步滑步步法的主要用力部位及關節運動相同。

②由於有側身動作，增加了轉腰的幅度。

③由於有側身動作，同側膝關節增加了旋外動作，異側膝關節增加了旋內動作。

④踝關節增加了內旋（異側腳）、外旋（同側腳）、內收（異側腳蹬地時踝關節內收）、外展（同側腳蹬地時踝關節外展）的動作。

（2）三步滑步側身步步法的主要用力部位及關節運動

①基本與三步滑步步法的主要用力部位及關節運動相同。

②由於有側身動作，增加了轉腰的幅度。

③由於有側身動作，增加了同側膝關節的旋外、

107

異側膝關節的旋內動作。

④由於有側身動作，增加了同側腳旋外、蹬地時踝關節外展的動作，增加了異側腳旋內、蹬地時踝關節內收的動作。

6. 易犯錯誤

（1）基本與兩步、三步滑步步法的易犯錯誤一致。

（2）易與兩步、三步滑步步法相混淆。

（3）轉腰幅度不夠，造成身體面對來球的角度不理想，上體讓位不夠。

（4）膝關節、踝關節的旋內、旋外動作沒有或做得不充分。

（5）踝關節缺乏蹬地內收、外展動作，造成側身移動時缺乏弧線運動，而只是直線運動。

（6）對此步法在側身位的運用缺乏了解及使用。

7. 糾正方法

（1）基本與兩步、三步滑步步法易犯錯誤的糾正方法一致。

（2）找出側身兩步、三步滑步步法與正常兩步、三步滑步步法的異同點是糾正錯誤的關鍵所在。

（3）理解、掌握側身動作的規律——弧形運動曲線。

因為若想將異側腿、腳繞過該側臺角，而又要求在同等步法、步數下完成，所以，最近的路程就是弧線運

動繞過臺角。尤以三步滑步側身步法使用這一原理更為實用。

（4）按教練員的安排做有針對性的練習。

①聽口令徒手做兩步或三步滑步側身動作。

②多球強化訓練兩步三步步法。

③在實戰中有意識地使用兩步、三步滑步側身步法。

（5）注意觀看世界乒乓球大賽的錄影，有條件時現場觀看最好，看優秀選手如何使用此步法。

十八、交叉步步法

（一）特點

動作最複雜，移動幅度、範圍最大，能充分用上腰、髖的轉動及腿、腳的蹬跳力量。

（二）運用時機

無論是在正手位大角度返回到反手位大角度，還是在反手位大角度撲向正手位大角度；也無論是從前向後大範圍移動，還是從後向前大範圍移動，均可使用這種步法。

（三）作用

往往在看似非常被動、很難接到的來球，採用這種步法卻能變被動為主動。

（四）動作要點

1.向同側腿方向橫向移動的交叉步——正交叉步的

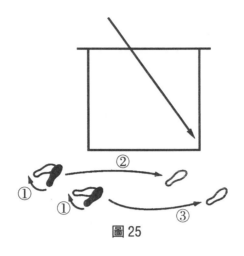

圖25

動作要點（圖25）。

（1）腰、髖迅速轉向來球方向，且轉動幅度較大。

（2）兩腳迅速蹬旋，同側腳外旋，異側腳內旋。

（3）膝關節始終保持較大的彎曲角度，並使同側膝關節旋外，異側膝關節旋內。

（4）使用正交叉步時，先以靠近來球方向的腳作為支撐腳（同側腳），使遠離來球的腳（異側腳）迅速橫向向同側腿方向跨出一大步，而原支撐腳跟著前腳的移動方向再邁一步。

（5）邁前腿與轉腰、揮拍、擊球同步進行，其姿勢有點類似跨欄跑過欄瞬間的姿勢。

這一擊球時機使身體、腿、腳完成了交叉扭轉的動作，這也是此步法的關鍵所在。

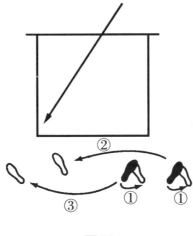

圖 26

2. 向異側腿方向橫向移動的交叉步——反交叉步的
動作要點（圖 26）

（1）腰、髖迅速轉向來球方向，且轉動幅度較大
（轉向異側腿方向）。

（2）兩腳迅速蹬旋，同側腳內旋，異側腳外旋。

（3）膝關節始終保持較大的彎曲角度，並使同側
膝關節旋內，異側膝關節旋外。

（4）使用反交叉步時，先以靠近來球方向的異側
腳作為支撐腳，使遠離來球的同側腳迅速橫向向異側腿
的來球方向跨出一大步，而原支撐腳（異側腳）跟著前
腳的移動方向再邁出一步。

（5）邁前腿與轉腰、揮拍、擊球同步進行，這一
擊球時機使身體、腿、腳完成了騰空交叉扭轉的動作，

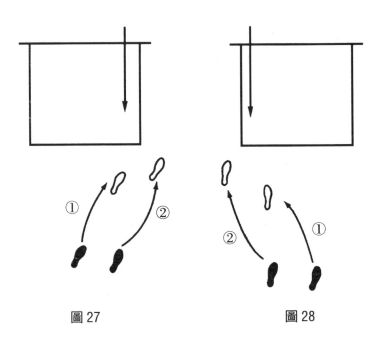

圖 27   圖 28

這一環節正是交叉步步法使用的關鍵所在。

3.由後向前縱向移動的交叉步的動作要點

（1）由後向前縱向移動的前交叉步的動作要點（圖27）

動作要點基本與橫向移動的正交叉步步法相一致，只是方向上有所區別，此步法是縱向移動。

邁前腿與轉腰、揮拍、擊球同步進行，但需注意跟進的後腿的擺動落地位置，避免腿或腳撞在球臺的腿上。

（2）由後向前縱向移動的後交叉步的動作要點（圖28）

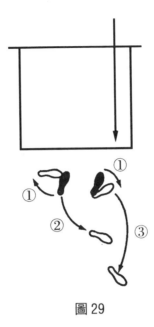

圖29

動作要點基本與橫向移動的反交叉步步法相一致，只是此步法是縱向移動。

邁前腿與轉腰、揮拍、擊球同步進行仍然是此步法的關鍵所在。另外，需要注意跟進移動的後腿的擺動、落地位置，避免腿或腳撞在球臺的腿上。

4. 由前向後縱向移動的交叉步的動作要點

（1）由前向後縱向移動的前交叉步的動作要點（圖29）

①動作要點基本與由後向前移動的前交叉步步法相一致。

②腰轉向來球動作幅度較大，同側膝關節、踝關節

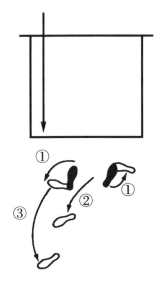

圖 30

的外旋動作幅度很大，異側膝關節、踝關節的內旋動作幅度也很大。

　　③側向面對來球，兩腳著地與轉腰、揮拍、擊球動作依次進行。

　　④這種步法只有削球選手經常使用。

　　（2）由前向後縱向移動的後交叉步的動作要點（圖30）

　　①動作要點基本與由後向前移動的後交叉步步法相一致。

　　②腰轉向來球的動作幅度較大，同側膝關節、踝關節的內旋動作幅度較大，異側膝關節、踝關節的外旋動

乒乓球步法的技巧

作幅度很大。

③側向面對來球，兩腳著地與轉腰、揮拍、擊球動作依次進行。

④這種步法只有削球選手經常使用。

（五）主要發力部位及關節運動

1.横向移動的正交叉步步法的主要發力部位及關節運動

（1）主要發力部位

同側腿後群肌肉發力為主，同側腳足心肌群發力蹬地。異側腿的前群肌肉收縮發力使其跨得更遠。

兩腳蹬地時有內、外旋的發力動作。

（2）關節運動

與（四）中的動作要點中闡述的關節運動形式基本一致。

2.横向移動的反交叉步步法的主要發力部位及關節運動

（1）主要發力部位

異側腿後群肌肉發力為主，異側腳足心肌群發力蹬地。同側腿的前群肌肉收縮發力使該腿跨得更遠。

兩腳蹬地時有內、外旋的發力動作。

（2）關節運動

與（四）中動作要點中闡述的反交叉步步法的關節運動形式一致。

3. 縱向由後向前移動的前交叉步步法的主要發力部位及關節運動

（1）主要發力部位

持拍手同側腿後群肌肉收縮為主，同側腳足心肌群收縮發力為主，異側腿前群肌肉收縮發力為主，拉扯該腿邁出。

（2）關節運動

同（四）中動作要點中闡述的由後向前前交叉步步法的關節運動一致。

4. 縱向由後向前移動的後交叉步步法的主要發力部位及關節運動

（1）主要發力部位

持拍手異側腿後群肌肉收縮發力為主，異側腳足心肌群收縮發力為主，同側腿前群肌肉收縮發力為主，拉扯該腿邁出。

（2）關節運動

同（四）中動作要點中闡述的由後向前移動的後交叉步步法的關節運動形式一致。

5. 縱向由前向後移動的前交叉步步法的主要發力部位及關節運動

（1）主要發力部位

①腰、髖做100°左右的轉動幅度面向來球。

②同側腳外旋100°左右蹬地發力，異側腳內旋100°左右蹬地發力。

③同側腿後群肌肉收縮發力為主，並用力蹬地。異側腿前群肌肉收縮發力為主，拉扯該腿邁出。同側腿再順勢自然跟進一步。

（2）關節運動

同（四）中動作要點中闡述的由前向後移動的前交叉步步法的關節運動形式一致。

6. 縱向由前向後移動的後交叉步步法的主要發力部位及關節運動

（1）主要發力部位

①腰、髖做 100°左右的轉動幅度面向來球。

②同側腳內旋 100°左右蹬地發力，異側腳外旋 100°左右蹬地發力。

③異側腿後群肌肉收縮發力為主，並用力蹬地。同側腿前群肌肉收縮發力為主，拉扯該腿邁出。異側腿再順勢自然跟進一步。

（2）關節運動

同（四）中動作要點中闡述的由前向後移動的反交叉步步法的關節運動形式一致。

（六）易犯錯誤

1. 對交叉步步法的動作概念、動作要點、特點、作用、運用時機認識不清，理解不透。

2. 不能找出橫向移動的交叉步之間、縱向移動的交叉步之間及橫向、縱向交叉步之間的異、同點，造成應用上的混淆。

3.橫向移動及縱向由後向前移動的交叉步是邁出腿落地與轉腰、揮拍、擊球同步進行，而縱向由前向後移動的交叉步是邁出腿與跟隨腿都落地後才轉腰、揮拍、擊球，對這種區別缺乏分辨，造成混用及不協調。

4.最易犯的錯誤是沒有做出騰空時身體扭轉、兩腿交叉的動作。

5.由於交叉步動作複雜，方向隨機性很大，故易犯手、腳配合不協調，兩腿用力不協調，兩腳蹬旋不協調，蹬地、騰空不協調等錯誤。

（七）糾正方法

1.明確動作概念、動作要領、用力原理等要素。

2.聽教師的指導安排，看示範。

3.做專門的訓練。

（1）徒手做此步法練習。

（2）用多球做此步法練習。

（3）針對此步法的動作要求，特意讓運動員遠離來球，並使用交叉步回接。

（4）進行只許使用交叉步進行移動的比賽實戰練習。

4.安排交叉步步法應用時機、使用方法、重要性的專題講座。

5.觀摩優秀選手在比賽中使用交叉步的情況。

6.觀看世界乒乓球比賽的錄影。

7.多請教教練員、專業教師。

8.聽取同伴及對手反饋的意見。

十九、跑動步步法

（一）特點

移動最迅速，行動最自然，是一種下意識的步法。因其形同「跑步」，故稱之為「跑動步」步法。

（二）運用時機

多半是來球情況出乎意料，例如，擦網而過的來球、擦邊彈起的來球、從球網下繞過來的來球、雙打時從對手同伴身後飛來的來球等，這時多半採用下意識的、應急的、隨機的跑動步步法。

（三）作用

動作自然，不需思考，步法快，便於調節及銜接其他步法。

（四）動作要點

1.步數上沒有限制，以達到回擊球目的為原則。

2.方向上沒有限制，根據出現的特殊情況來調整移動方向。

3.步幅與節奏沒有限制，以自然、流暢為原則。

4.基本動作類似小步快頻率轉向跑。

5.腰、膝、踝動作及用力程度根據來球情況而定。

6.可向前跑、向後跑、後退跑。

（五）主要用力部位及關節運動

同（四）的動作要點一樣，根據來球的情況臨時確

定用力方式及關節運動方式。

基本的用力及關節運動同田徑運動中的小步快頻率轉向跑。

（六）易犯錯誤

1.受條條框框影響較大，動作做得不夠自然、隨機、流暢。

2.對動作概念認識不清。

3.缺乏相關體育素質、運動的輔助練習。

4.缺乏基本身體素質。

5.後退跑不協調。

（七）糾正方法

1.明確動作概念。

2.在教練員的安排下，可做如下的輔助練習。

（1）田徑運動的小步跑、10米衝刺跑等。

（2）羽毛球運動的輔助練習。

（3）乒乓球運動徒手結合球臺的此步法練習。

3.多請教教練員、專業教師。

4.觀察高水準選手訓練及比賽中使用此步法時的時機及完成情況。

5.觀看大賽錄影。

二十、騰空步步法

（一）特點

身體騰空，離地面較高，重心起伏較大，用力及動

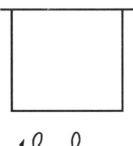

圖 31

作幅度均較大。

（二）運用時機

1. 殺高球時。

2. 救彈得很高的球時。

（三）作用

1. 增加殺高球時身體下壓的力量及提高擊球點。

2. 提高擊球點的高度，避免對方下砸的來球彈得太高自己反擊時搆不到。

（四）動作要點

1. 殺高球時採用騰空步步法的動作要點（圖 31）

（1）殺高球動作只有正手騰空殺高球，至今為止還沒有出現反手騰空殺高球的技術動作。因此，殺高球時採用的騰空步法指的是，正手殺高球時所用的騰空步

步法。

（2）根據來球高度確定站位的遠度，然後兩腳同時蹬地騰空（騰空高度較低，可稱為第一騰空），異側腳前邁著地。

（3）異側腳前邁著地後，借助「第一騰空」身體重力作用地面所獲得的巨大反作用力，迅速蹬地躍起（稱之為第二騰空），身體面向來球，前傾且偏向異側腿方向。

（4）同側腳在異側腳前邁步著地——第二騰空——揮拍擊球的整個過程中一直處於懸空及維持身體平衡的狀態。

（5）第二騰空擊球結束後，異側腳先落地，緊接著同側腳跟著落地，保持身體平衡，重心迅速落於兩腿之間，準備下一次的步法移動。落地時屈膝，踝關節背屈，緩衝身體下落的重力。

2.救高球時採用騰空步步法的動作要點

（1）正對來球救高球時採用騰空步步法的動作要點

①救高球時採用原地騰空步步法的動作要點（圖32）

彎腰屈膝，降低重心，然後兩腳同時向上用力跳起騰空，腰、髖伸展，重心上提，膝關節蹬直。與此同時，伸拍搆向彈得較高的來球。

擊球結束後，身體隨重力下落，著地點基本位於原

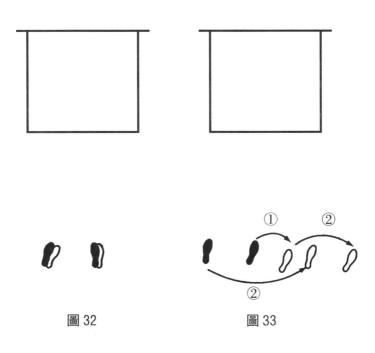

圖32　　　　　　　　　　圖33

來位置附近。落地瞬間屈膝，踝關節背屈，前腳掌著
地，緩衝下落的身體重力。

　②救高球時採用邁同側腿蹬地騰空步步法的動作
要點（圖33）

　　A.兩腳同時蹬地，同側腳向側邁出一步，著地後迅
速騰空。

　　B.異側腳在整個騰空過程中一直處於懸空及維持身
體平衡狀態，轉腰動作不明顯。

　　C.同側腳蹬地騰空擊球結束後，兩腳幾乎同時著
地，迅速穩定重心，準備下一次的步法移動。落地時屈
膝，踝關節背屈，緩衝身體下落的重力。

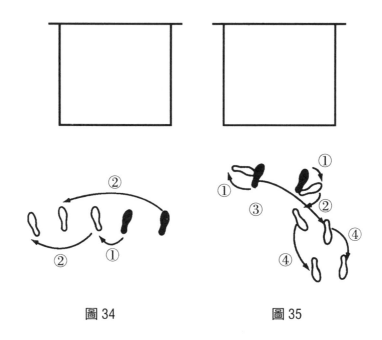

圖 34 圖 35

③救高球時採用邁異側腿蹬地騰空步步法的動作
要點（圖34）

A.其動作要點基本與救高球時，採用邁同側腿蹬地
騰空步步法一致。

B.邁異側腳蹬地騰空搆異側位高球時，轉腰動作幅
度較大，身體在轉腰動作的帶動下朝向異側腿的方向。

C.異側腳有蹬地外旋動作。

（2）背對來球救高球時採用騰空步步法的動作要
點

①向同側腿方向轉身救高球時騰空步步法的動作
要點（圖35）

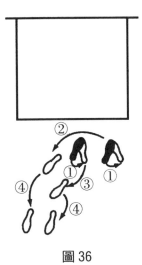

圖 36

A. 在來球跳得很高，已經越過頭頂，直接面對來球回接已不可能的情況下，快速向同側腿方向轉腰約100°，同時同側腿向後邁出一步，形成背對來球，邁步的同時抬頭盯住頭上的高球。兩腳有蹬旋的動作。

B. 異側腿順勢繼續向後邁出一步，腳落地的同時起跳，膝、踝關節做伸的動作，身體騰空。

C. 身體騰空背對來球的同時，身體背弓擊球（用正手），擊球後兩腳同時或幾乎同時落地。

② 向異側腿方向轉身救高球時騰空步步法的動作要點（圖36）

A. 基本與向同側腿方向轉身救高球時騰空步步法的動作要點一致。

B. 轉腰幅度較大，約120°。

C.同樣是先邁同側腿，後邁異側腿。身體騰空背弓擊球時採用反面（反手擊球）擊球。

（五）主要發力部位及關節運動

1.殺高球時採用騰空步步法的主要發力部位及關節運動

異側腿的爆發蹬地，該腿後群肌肉發力收縮為主，足心部肌肉收縮，膝關節、踝關節都完成了從屈到伸的動作。

騰空後，轉腰幅度較大（腰方肌發力），身體前傾（偏向異側腿），同側腿後群肌肉收縮發力，拉扯該腿盡量後擺，維持重心穩定及身體的平衡。

擊球後異側腿先著地，屈膝緩衝重力，踝關節也隨著背屈。

2.救高球時採用騰空步步法的主要發力部位及關節運動

（1）正對來球採用騰空步步法的主要用力部位及關節運動

同側腿伸肌（前群肌肉）收縮發力，伸膝、踝關節，足心肌肉收縮，使該腿向同側邁出一步。腳著地後，同側腿屈肌收縮發力，足心發力，膝、踝關節由屈到伸，使身體騰空。騰空的同時轉腰伸拍搆球。救身體同側的高位來球多採用這種步法的用力方式及關節運動。兩腳落地後屈膝、屈踝，緩衝身體下落的衝力。

異側腿伸肌收縮發力，膝、踝關節由屈到伸，足心

肌肉收縮發力，使異側腿向該側邁出一步。腳著地後，異側腿膝、踝關節由屈到伸，腿部後群肌肉收縮，足心肌肉收縮，與此同時大幅度轉動髖關節面向來球，使身體騰空伸拍搆球。救身體異側的高位來球多採用此步法移動的用力方式及關節運動。兩腳落地後屈膝、屈踝，緩衝身體下落的衝力。

（2）背對來球採用騰空步步法的主要用力部位及關節運動

向同側腿方向轉身移動時，腰、髖首先轉動朝向同側腿方向，異側腿膝、踝關節由屈到伸，腿部後群肌肉收縮發力，足心收縮發力蹬地，與此同時同側腿伸肌（前群）收縮發力，朝後邁出一步。緊接著異側腿跟著朝後邁出一步，落地後膝、踝關節由屈到伸，腿部後群肌肉爆發用力，足心肌肉爆發用力，使身體騰空背對來球，豎軀幹肌發力；身體背弓抬頭，伸拍搆向頭上的高球。擊球後，兩腳幾乎同時落地，屈膝、屈踝，緩衝落地的身體衝力。

向異側腿方向轉身移動的主要用力部位及關節運動與向同側腿方向轉身移動騰空基本一致。

需指出的是：無論向同側還是向異側轉身移動，最後的起跳腿都是異側腿。

（六）易犯錯誤

1.因殺高球步法與救高球步法都不太常用（尤其是初、中級水準的選手），故對此步法的動作概念、動作

要領、特點、運用時機等缺乏了解及認識。

2.對殺高球騰空步法中的兩次騰空的作用、意義及使用不熟悉。

3.落地後缺乏緩衝，騰空時又缺乏彈跳高度，造成摃不到球、落地受傷或站不穩等現象。

4.起跳時蹬地腿與擺動腿配合不協調，造成騰空時身體偏斜、不穩。

5.跳起摃高球不習慣，不協調。

6.轉身背對對方跳起摃頭頂球更不習慣，不協調。

7.背對來球時的起跳腿都是異側腿，對此概念不清，造成起跳不協調。

8.起跳時機不當。

9.騰空與轉腰不同步。

（七）糾正方法

1.對騰空步法（殺高球騰空步法、救高球騰空步法）要有全局的、整體的認識，要認清此步法的地位只在中等，因此，在安排上（訓練計劃）要分清輕重緩急。如果條件、時間允許，可做這種步法的練習。

2.認真聽教練員、專業教師的講解，看其示範動作。

3.可透過觀看世界乒乓球大賽錄影來提升，例如，第41屆世乒賽男單決賽瓦爾德內爾與佩爾森的比賽，其中就有一球是瓦爾德內爾轉身背對來球跳起，救回佩爾森「砸」下的跳得很高、很遠的來球。

4. 做專門的針對性練習

（1）殺對方放的高球，連續進行。也可採用多球訓練進行強化。

（2）利用多球訓練，強化轉身或轉身背向來球的騰空跳起步法。

5. 注意找出騰空殺高球步法、騰空正對來球的步法、騰空背對來球步法的相同點與不同點，這是糾正錯誤、發現問題、找出聯繫的關鍵。

（八）注意事項

1. 此步法作為輔助步法為宜。

2. 有條件的情況下，可將其與身體訓練、專項素質提升結合起來。

3. 在不影響主要內容訓練的前提下進行該步法練習。

二十一、魚躍步步法

（一）特點

動作難度最大，帶有一定的危險性，比交叉步移動範圍還大（常用步法中交叉步移動範圍最大），比賽中極少使用。

（二）運用時機

來球速度快，角度又極大，使用任何步法均「鞭長莫及」時運用此步法搶救「險球」。

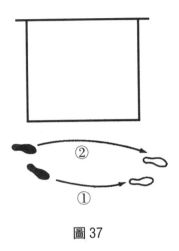

圖 37

（三）作用

有可能扭轉劣勢，化解被動局面，重新進入相持階段，伺機爭取主動。

（四）動作要點

1. 向側魚躍步步法的動作要點（圖37）

向側魚躍指的是向同側腿方向魚躍。世界任何優秀選手擊球前的選位都是偏向自己的反手位，即異側腿一邊。故異側腿一方的空檔不大，不需要採用這種「極端」的步法。而同側腿一方的正手位因空檔較大，極易被對方突襲，因此，在迫不得已的情況下採用此步法放手一搏。

使用此步法時，首先轉腰面向來球，重心放在同側腿上，緊接著兩腿同時或幾乎同時蹬地向同側腿方向（側方）躍出，身體與地面的夾角在45°左右。然後同

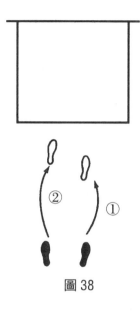

圖 38

側腳先落地，異側腳跟著落地。前腳掌著地後制動側向慣性，控制住身體重心。當來球離身體較遠時，躍出的身體也可以與地面接近水平（類似足球守門員的側撲球動作），兩腳蹬直，身體成一條直線，空中擊球後同側腿迅速前伸著地，異側腳跟著前伸著地，共同制動身體巨大的橫向慣性衝力，快速穩住身體重心。

　　有時確實無法站穩，也可順勢向前再邁一兩步，同時因重心太低，身體側前傾太大，手也可以扶一下地，藉以控制穩身體。

　　此步法，多在側身時對方突襲正手時運用。

2.向前魚躍步步法的動作要點（圖38）

　　向前魚躍步步法的動作要點與向側魚躍步步法基本

一致，只是移動方向不同、轉腰幅度大小有差異而已。

使用向前魚躍步時要注意安全及控制好前躍的距離，避免頭撞到球臺面或臺腿上。

此步法，多在相持階段對方回球擦網減速、球落得很淺時運用。

（五）主要用力部位及關節運動

1.向側魚躍步步法的主要用力及關節運動

（1）腰、髖轉向來球。

（2）兩腳蹬地，同側腳外旋，異側腳內旋。

（3）兩腿同時或幾乎同時蹬地，膝、踝關節由屈到伸，以腿部後群肌肉發力為主，足心發力。

（4）身體向側魚躍騰空擊球，騰空時以豎軀幹肌發力為主，展腹。

（5）擊球後，腹肌收縮，同側腿、異側腿伸肌收縮前邁，依次落地。落地後屈膝、屈踝，減緩身體側向衝力。

2.向前魚躍步步法的主要用力部位及關節運動

（1）基本與向側魚躍步步法的主要用力部位及關節運動一致。

（2）不同之處是：

①不需轉向來球，因為直接面向來球。

②收腹用力更為明顯。

③同側腿與異側腿落地後前腳掌制動用力更大。

（六）易犯錯誤

1. 動作概念、要領、特點、作用、運用時機不清。

（1）原因：此步法極少看到，一般人更談不上應用（此步法在第 42 屆世乒賽男單決賽中，蓋亭對塞弗的比賽時，蓋亭採用了側向魚躍步步法）。

（2）後果：不會使用，偶爾使用易造成傷害。

2. 肌肉收縮、關節運動不協調。

3. 落地缺乏制動，緩衝及控制重心的能力不強。

4. 魚躍時機不當。

5. 手扶地的配合不當，易出現傷害。

6. 有畏懼、畏難心理。

7. 將向側魚躍步與向前魚躍步完全等同地看待。

（七）糾正方法

1. 對魚躍步步法（向側魚躍步步法、向前魚躍步步法）要有全局的、整體的認識。要認清此步法的地位及在實戰中的使用頻率，因此，在訓練計劃、訓練內容的安排上要有輕重緩急。如果條件、時間允許的話，可以做此步法的練習。

2. 認真聽教練員、優秀運動員、專業教師的講解、心得體會介紹，看他們的示範動作。

3. 可透過觀看現場比賽或錄影，了解優秀選手如何使用此步法。

4. 做針對性的練習。

（1）聽教練員口令徒手做此步法的練習。

（2）多球強化練習。

5.注意找出向側魚躍步與向前魚躍步的異同點，從而發現問題、找出聯繫，進而解決問題、糾正錯誤。

（八）注意事項

1.此步法僅作為輔助步法。

2.在有條件的情況下，可將其與專項身體訓練、素質訓練結合起來運用，這樣效果更好。

3.在不影響主要訓練的前提下進行此步法的練習。

二十二、跟重心步步法

（一）特點

動作簡單、實用，隨意性大，跟著重心的移動而移動，被重心帶著走。

（二）運用時機

快速相持時，來不及動腳球已被擊回來，這時只能將重心向來球方向傾斜，先移動重心伸拍搆球，後移動腳以跟上重心。

（三）作用

在相持中便於先出手擊球，後做腳步移動跟上，有利於節省時間，跟上節奏，爭取主動。

（四）動作要點

1.向同側腿方向移動的跟重心步法的動作要點（圖39）

當來球在同側腿一側時，同側腿在身體重心、伸臂

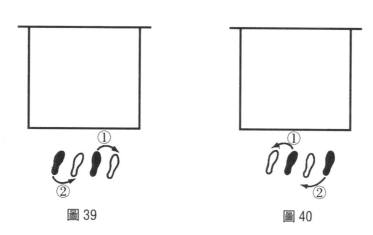

圖 39　　　　　　　　圖 40

構球動作的帶動下，向同側方向墊跳一小步，隨後異側腿跟上一小步，隨即穩定住身體重心準備再起動。

　　在整個步法移動過程中，轉腰動作和膝、踝關節動作的幅度均較小，始終保持著相持、應急的狀態。

　　2.向異側腿方向移動的跟重心步法的動作要點（圖40）

　　其動作要點與向同側腿方向移動的跟重心步法基本一致，只是移動方向相反、轉腰幅度的大小有所不同而已。

　　（五）主要發力部位及關節運動

　　1.向同側腿方向移動的跟重心步法的主要用力部位及關節運動

　　（1）主要是以移動重心帶動向同側腿來球方向傾斜，腰部轉動用力很小，身體面向來球側移動。

　　（2）同側腿用力為主，異側腿用力為輔。

（3）同側腿膝、踝關節完成小幅度的由屈到伸的運動。主要是腿部後群肌肉用力，足心用力。

（4）異側腿跟隨移動，發力很小。

2. 向異側腿方向移動的跟重心步法的主要用力部位及關節運動

（1）與向同側腿方向移動的跟重心步法基本一致。

（2）方向相反。

（3）轉腰幅度較大。同側腳內旋，異側腳外旋。

（六）易犯錯誤

1. 對動作要領、概念、運用時機等認識不清。

2. 不是腳跟著重心動，而是重心跟著腳動。

3. 身體沒有面向對手，側向移動，造成多餘環節、動作較多，在相持過程中節奏較慢，陷於被動。

4. 對腰、膝、踝關節運動幅度較小的要求沒有足夠認識，造成動作大、速度慢，易陷入被動。

（七）糾正方法

1. 明確動作要點、概念、運用時機。

2. 認真聽教練員、專業教師的講解、示範，觀察其使用此步法的時機。

3. 現場或錄影觀看世界乒乓球大賽，例如，在第46屆世乒賽男子單打王勵勤與孔令輝的決賽中，王勵勤在相持中就數次使用跟重心步的步法。

4. 針對性練習。

（1）聽教練員口令徒手做此步法的練習。

（2）採用多球、無規律、不定點的「餵」球。要求必須採用跟重心步步法進行移動回接。

5.教練員安排「個人計劃」練習內容時，運動員之間可以有意識地進行不定點內容的練習，兩人約好相持時的移動只準用跟重心步的移動方式，藉以強化此步法。

6.廣泛徵求教練員、同伴、旁觀者的反饋意見。

（八）注意事項

1.此步法作為輔助步法為宜。

2.在條件許可的情況下，可將其與專項協調性練習及其他步法的配合練習結合起來練習。

3.作為調劑訓練內容，緩解運動員過於單一的訓練安排時，可進行此步法的練習。

二十三、雙打「八」字移動步步法

【說明】

雙打的步法移動（二十三至二十八）是以單打的步法移動技術為基礎的，故凡與單打步法移動方式一致或相似的動作要領、特點、作用、運用時機、主要用力部位及關節運動、易犯錯誤、糾正方法等，在此均不再重複闡述，而只將雙打有別於單打移動步法的特殊的、內在的本身規律和特點加以詳述。

（一）特點

「八」字形運行軌跡，左、右手握拍選手配對。

（二）運用時機

一名左手握拍選手和一名右手握拍選手配對，其基本站位分別保持在球臺兩側，左手選手偏球臺右側選位，右手選手偏球臺左側選位。不管對方來球在什麼位置，他們的基本移動方式都是在「八」字的屬於自己的那一「丿」和「乀」上移動。兩人的位置起到左右互補的作用，因此，多為左、右手握拍的攻球手配對時採用。

（三）作用

兩名選手都便於發揮自己的強項——正手攻球的威力，而且在步法移動的線路上互不干擾，移動的範圍相對合理，左右互補。

（四）動作要點（圖41）

1.移動的步法

可以是與之相關的任何單打步法。

2.移動的方式

擊球前與擊球後，兩名選手基本上都是「八」字運行軌跡。右手選手在「　」上來回運行，左手選手在「　」上來回運行。

（五）主要用力部位及關節運動

採用時與相關的單打步法的用力部位及關節運動相一致。

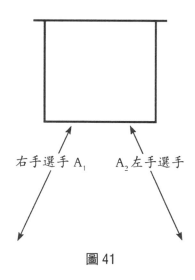

右手選手 A_1 A_2 左手選手

圖 41

（六）易犯錯誤

1.對「八」字雙打移動步法的動作要點、動作概念不清楚。

2.基本移動方式不在「八」字的「丿」和「㇏」上。

3.兩名隊員在移動中，位置出現混亂，造成失去優勢、暴露弱點（反手）的後果。

4.兩人配合不協調。

5.雙打的步法移動增加了很大比重的前後移動方式，且需兼顧同伴之間的躲閃讓位，故對手法的發揮影響較大，造成擊球命中率下降。

6.缺乏雙打中對這種步法的針對性、專門性的練習。

（七）糾正方法

1. 弄清、弄懂「八」字雙打法移動步法的動作概念、動作要點。

2. 注意看、聽教練員、專業教師對此步法移動的示範及動作要領、使用時機的講解。

3. 對此步法移動做針對性的練習。

（1）一人陪練對兩人的雙打配對，有意識地練習兩人的「八」字移動及讓位、協調等配合。

（2）上面（1）的方法可採用多球強化的手段來練習。

（3）採用雙打對雙打的練習。雙方都只打對方的中路位置，以此來強化左、右手選手配對的「八」字移動。

（4）觀看比賽、錄影，從中仔細體會。

二十四、雙打「Ｔ」字移動步步法

（一）特點

「Ｔ」字形運行軌跡，左右移動的選手與前後移動的選手之間的配對多採用此步法。

（二）運用時機

左右移動的選手側重前臺位置，前後移動的選手側重中遠臺位置，兩人的位置同樣起到前後互補的作用。多為一名兩面攻同一個推攻選手配對及以攻為主和以削為主選手配對採用。

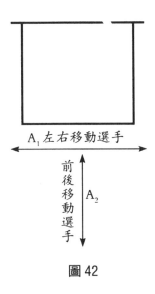

A_1 左右移動選手

前後移動選手 A_2

圖 42

（三）作用

靠近臺左右移動的選手能夠搶佔制高點，利用力量的輕重、落點的變化控制對手，給同伴創造進攻機會；而靠中遠臺移動的選手則充分發揮其兩面能進攻、有充足時間判斷的優勢。

（四）動作要點（圖 42）

1. 移動的步法

左右移動的選手多採用的是，橫向移動的單打相關步法，前後移動的選手多採用的是，縱向移動的單打相關步法。

2. 移動的方式

擊球前與擊球後，兩名選手基本上都是「Ｔ」字運行軌跡。左右移動的選手在「一」上來回運行，前後移

動的選手在「｜」上來回運行。

（五）主要用力部位及關節運動

1. 與採用的相關的單打步法的用力部位及關節運動相一致。

2. 增加了選手背肌、腹肌和腰、髖關節的運動及用力，目的是為同伴讓位，使其能更好地進攻。

3. 增加了反手位的用力。

（六）易犯錯誤

1. 對「Ｔ」字雙打移動步法的動作概念、要點理解不透。

2. 缺乏雙打中對這種步法的練習及同伴之間的配合，其基本移動路線不在「Ｔ」字的「一」和「｜」上。

3. 兩名選手移動的位置出現混亂，結果未能發揮各自的優勢，暴露了自己的弱點。

4. 同伴之間的躲閃、讓位、預測還缺乏訓練及默契。

5. 缺乏對此步法的重視及針對性、專門性的訓練。

（七）糾正方法

1. 明確、認清「Ｔ」字雙打移動步法的動作概念、動作要點及特點。

2. 注意虛心請教教練員、專業教師和同伴，請他們講解動作、體會及動作要領。

3. 在有條件的情況下，可以觀摩比賽，觀看電視轉

播、錄影等。

4.做此步法的針對性練習。

（1）一陪二的練習。單個人做不定點的「餵」球，兩名雙打選手在左右移動和前後移動的同時，要求將球回到指定的位置。

（2）上面（1）的訓練方法可以採用多球強化的方法來進行訓練。

（3）上面（1）（2）練習法可採用雙打對雙打的方式進行訓練。

二十五、雙打倒「∨」字移動步步法

（一）特點

「∨」字形運行軌跡。

（二）運用時機

多為兩名兩面攻或兩面拉選手配對，兩名選手都是正、反手，可以搶攻、搶沖，故對任何位置的球均可以互補。

（三）作用

照顧範圍大，全臺可進攻。

（四）動作要點（圖43）

1.移動的步法

可以是單打兩面攻、兩面弧選手所採用的步法及與之相關

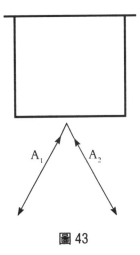

圖43

的任何單打步法。

2. 移動的方式

擊球前與擊球後，兩名選手基本上都呈倒「Ｖ」字運行軌跡。

站位時也要有偏前與偏後、偏左與偏右、側重反手與側重正手之分，偏前的選手側重反手位，偏後的選手側重正手位，故兩名選手分別在「Ｖ」字的「＼」「／」上運動。

3. 增加的移動

雙打移動雖來源於單打，但又不同於單打。尤其是同方向握拍左右站位的選手配雙打，不可避免地出現躲閃、讓位、補位的問題。因此，在原有移動的基礎上又增加了背肌收縮、腹肌收縮、腰側屈、弧形繞過同伴的移動與發力動作。

（五）主要發力部位及關節運動

1. 與採用的相關的單打步法的用力部位及關節運動相一致。

2. 由於同伴間的配合、協調、躲閃、讓位、補位等原因，增加了選手腰、髖的前屈、背伸、側屈動作，增加了背肌、腹肌的收縮發力，增加了為躲閃同伴所採用的弧線移動步法。

3. 增加了反手位的發力強度。

（六）易犯錯誤

1. 對倒「Ｖ」字雙打移動步法的動作概念，要點理

解不夠。

2.對什麼樣的選手配對採用此步法移動不夠了解。

3.配對的兩名兩面能拉、能沖的選手之間的前、後、左、右、正手、反手分工不夠明確，造成位置的混亂、衝撞、擊球失誤。

4.缺乏對此步法的針對性、實效性的訓練。

5.重視程度不夠。

（七）糾正方法

1.理解、掌握倒「Ｖ」字雙打移動步法的動作要點、特點、概念。

2.注意聽取、觀察、分析、研究教練員、優秀運動員的講解、心得體會及其動作示範。

3.根據訓練計劃內容的安排，可以觀摩比賽，觀看電視轉播、錄影等。

4.多球訓練法：一人「餵」多球，另兩人做此步法移動練習。

5.一陪二練習法：一人單打對兩人的雙打練習。

6.實戰強化練習：

（1）單打對雙打。

（2）雙打對雙打。

二十六、雙打「▽」形移動步步法

（一）特點

「▽」形運行軌跡。

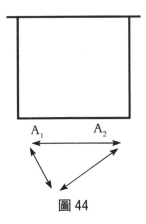

圖 44

（二）運用時機

多為一個近臺快攻選手與一個中遠臺弧圈選手的配對時使用該步法。

（三）作用

一攻、一弧兩名選手的進攻移動可在節奏上（遠近、攻弧、力量大小等）產生變化，造成對方適應上的困難。有時兩人遠近的移動方法也可調換，進一步破壞對方的適應節奏。

（四）動作要點（圖 44）

1. 移動的步法

（1）快攻選手採用與之相關的單打步法移動。

（2）弧圈選手採用與之相關的單打步法移動。

2. 移動的方式

擊球前與擊球後，兩名選手基本上都是「▽」形運行軌跡。

3. 增加的移動

由於同伴間讓位、躲閃、補位的原因，增加的移動有弧形移動、後退移動及腰、髖、腹的轉動、屈動。

（五）主要用力部位及關節運動

1.與採用的相關單打步法的用力部位及關節運動相一致。

2.增加腿向後移動肌群的用力，增加了背肌、腹肌和腰、髖的扭轉肌群的用力及相關關節的運動，增加了踝關節向後蹬伸的動作，增加了體前屈、體背弓、腰側屈的關節運動。

3.增加了反手側身位的關節運動幅度及肌群用力強度。

（六）易犯錯誤

1.對「▽」形雙打移動步法缺乏了解與認識。

2.由於這種配對的雙打選手相對其他配對為少，故在訓練方法上、熟練程度上和配合上都較差。

3.由於配合不熟練，易造成移位上的錯誤與混亂，「▽」形步法移動不清晰，不能發揮各自的優勢，反而暴露了自己的弱點。

4.缺乏對「▽」形雙打步法移動的有針對性、專門性的訓練。

5.運動員對雙打及其步法移動等不夠重視。

（七）糾正方法

1.搞懂、弄通「▽」形雙打移動步法的動作概念、

動作要點。

2.注意觀察優秀運動員、水準高的同伴們的動作方法及使用此步法的時機。

3.注意聽取教練員、專業教師講解的心得體會及原理。

4.在有條件的情況下，可以觀看比賽、電視轉播、錄影等。

5.多球強化訓練：一人「餵」球，兩名雙打選手做此步法的練習。

6.用比賽強化此步法：

（1）單打對雙打的比賽。

（2）雙打對雙打的比賽。

二十七、雙打「○」字形移動步步法

（一）特點

「○」字形運行軌跡。

（二）運用時機

兩名同側手執拍的選手配對時，多採用此移動步法。

（三）作用

同伴之間能充分讓位和補位，發揮各自的優勢。

（四）動作要點（圖45）

1.移動的步法

無論是快攻選手，還是弧圈、削球選手，採用的都

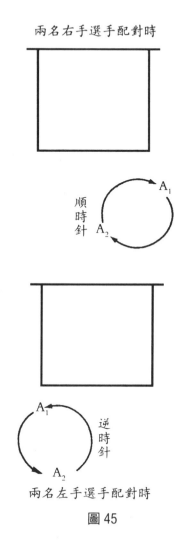

兩名右手選手配對時

順時針 A_1 A_2

A_1 逆時針 A_2

兩名左手選手配對時

圖 45

是與單打相同或相關聯的步法移動。

2. 移動的方式

擊球前與擊球後，兩名選手基本上都是採用「O」

149

字運行軌跡。

3. 增加的移動

由於同伴間的「○」字形移動、讓位、躲閃、補位，使雙打中的這種步法的移動具有弧線曲度很大的向前、後運行軌跡及腰、髖、腹的轉動與側屈等。

（五）主要用力部位及關節運動

1. 與採用相關單打步法用力部位及關節運動相一致。

2. 增加了腿部扭轉肌群、向後運動肌群的用力。增加了背肌、腹肌和腰、髖的扭轉肌群的用力。

3. 增加了踝關節蹬伸、蹬旋動作，膝關節的旋內、旋外動作，腰的前屈、背弓、側屈動作。

4. 增加了反手側身位的關節運動幅度及肌群用力強度。

（六）易犯錯誤

1. 對「○」字形雙打移動步法缺乏足夠的了解與認識。

2. 缺乏雙打中這種步法的練習及兩名同伴之間的配合，以致基本移動軌跡不在「○」字上。

3. 同伴之間雖有一定的配合，但相互間的躲閃、讓位、預測還缺乏訓練與默契。

4. 缺乏行之有效的對此步法的有針對性的、專門性的訓練。

5. 對弧形移動、後退移動動作不熟練，造成同伴間

的衝撞、擠碰。

（七）糾正方法

1.明確「O」字形雙打移動步法的動作要點，運用時機。

2.注意觀看高水準選手、同伴在進行雙打該步法移位時的動作。

3.有條件的情況下可以觀看比賽、電視講座、轉播及錄影等。

4.注意接受教練員、專業教師及同伴們的反饋意見及指導建議。

5.針對性訓練

（1）配對的組合。

（2）多球強化。

（3）單打對雙打練習。

（4）單打對雙打比賽。

（5）雙打對雙打比賽。

二十八、雙打橫「8」字形移動步步法

（一）特點

橫「8」字形運行軌跡。

（二）運用時機

對手根據我方的情況有意識地針對某一名選手交叉攻擊他的兩邊大角度，這時多採用此步法進行讓位及移動還擊。

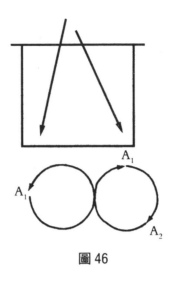

圖 46

（三）作用

讓位充分，移動到位，扭轉劣勢。

（四）動作要點（圖 46）

1. 移動的步法

無論是哪種類型打法的選手，採用此步法移動時，其動作要點都是與同類的單打步法移動相同或相關聯。

2. 移動的方式

在對方有意識地針對本方一名選手交叉攻擊他的兩角大角度時，本方選手在擊球前與擊球後基本上都是採用橫「8」字形的運行軌跡。

3. 增加的移動

由於同伴間橫「8」字形的移動、讓位、躲閃、補位，使雙打中這種步法的移動具有有規律的、有節奏

的、弧形曲線運動及腰、髖、腹的轉動、側屈等。

（五）主要用力部位及關節運動

1. 與採用相關單打步法用力部位及關節運動相一致。

2. 增加了腿部內旋、外旋肌群和後退運動肌群的用力。增加了背肌、腹肌和腰、髖轉動、側屈肌群的用力。

3. 增加了踝關節蹬伸、蹬旋，膝關節的旋內、旋外動作，並且增加了動作的節奏性。

4. 增加了腰部關節的前屈、背弓、側屈動作。

（六）易犯錯誤

1. 對橫「8」字形雙打移動步法缺乏了解與認識。

2. 缺乏雙打中這種步法的練習。

3. 兩名選手之間缺乏配合或配合不默契，使此步法移動的節奏、方式不是橫「8」字形運動軌跡，造成移動中位置混亂，不能發揮自己的優勢，反而暴露了自己的弱點，給對手以可乘之機。

4. 缺乏此步法移動的行之有效、有針對性的、專門的訓練。

5. 對節奏移動、後退移動、弧形移動動作還不熟練自如，造成同伴間的互撞、衝擠現象。

（七）糾正方法

1. 認真領會橫「8」字形雙打移動步法的動作要點、概念、運用時機。

2.注意聽、看教練員、優秀運動員、專業教師的講解、示範。

3.觀看比賽，尤其是優秀選手的雙打比賽，看他們使用此步法的時機。另外，可以觀看電視講座、電視轉播、錄影等。

4.做此步法移動的針對性訓練：

（1）一陪二的練習。一人定點對兩人的交叉兩角的訓練。

（2）上面練習採用多球訓練。

（3）單打對雙打的比賽。

（4）雙打對雙打的比賽。

二十九、雙打組合的步法

雙打比單打的移動要大得多，它不僅需要不停地移動去擊球，而且還要以不阻擋同伴的移動與回擊為前提。因此，雙打移動上的配合就顯得十分重要，既要移動得快、到位，又要移動得節省、默契、恰到好處。雙打的移動雖以單打的移動為基礎，但又與單打的移動有諸多不同；更重要的是，雙打中兩個人的移動要好似一個人的移動一樣，這才是雙打移動步法的最高境界。

兩名優秀的單打選手配對，並不一定能打出好成績，例如，第46屆世乒賽男單冠軍王勵勤與女單冠軍王楠的配對則最具有說服力，兩名頂尖高手配混雙，反而早早被配合好的選手淘汰出局，這說明同伴間的默契

配合、協調合理的步法移
動、如同一人的連續攻擊才
是取勝的根本保證。

　在雙打移動中，除了比
賽開始前站位比較固定外，
比賽開始後由於對方回球落
點的不同，使得移動變得隨
機而沒有規律。不論是發球
的一方還是接發球的一方，
有時會向前撲，有時又會向
後退；有時會向左躲閃，有
時又會向右讓位。但究竟如
何移動才是正確、節省、協
調、合理，前提條件是因對
方來球的情況而定。

　例如，對方來球在中線
偏右，則應向後斜退（圖
47）；若對方來球在中線靠
右的地方，則應向左讓位
（圖48）；若對方來球是
右方大角度，則應向右大幅
度躲閃（圖49）。

　有些配對，由於個人技
術特點的不同，也可根據配

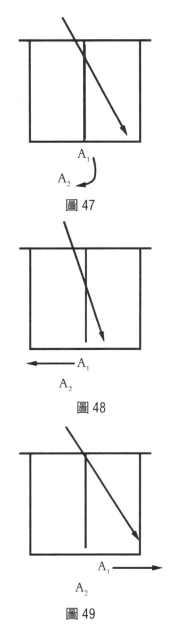

圖47

圖48

圖49

155

合的習慣來進行步法移動。但有時遇到特殊的情況及在戰術實施過程中出現許許多多意想不到的局面，這就很難按照自己的習慣方法去移動步法了。

在雙打比賽中，每一對雙打選手，不管在什麼時候，總能遇到各種類型打法的對手，總能碰到許許多多意想不到的情況，而遇到這些選手及情況時，用我們前面（二十三～二十八）提及的雙打移動步法的某個單獨步法都不能徹底解決出現的問題和情況，只有熟練地掌握這些雙打移動步法，根據比賽中對手來球的具體情況，將這些步法隨機應變地、有機地組合及重組，才能使步法移動協調有序，給有力的還擊創造條件，直至取得比賽的勝利。

三十、步法的組合

正如旋轉球一樣，幾乎每一次的揮拍擊球都使球帶有一定的旋轉。步法的移動，無論是單打步法移動，還是雙打步法移動，幾乎每次移動都是步法與步法之間的組合。例如，接對方發過來的近網短球時，通常都是用小跳步先跳一下，將身體起動，然後，再用單步或跨步上前回接。

由此可見，如此簡單的步法移動，尚且需要兩種步法的組合，若複雜的相持球過程，則必定需要許多步法的組合，單一的步法很難適應複雜的擊球移動的需要。只有熟練地掌握每一種單個步法，掌握它的特點、作

用、運用時機及發力部位，根據比賽時對手來球的具體情況，因人、因地、因時地把自己掌握的各種基礎步法隨機應變、有機地組合起來、融會貫通，才能保證手法的正確使用，為比賽勝利奠定基礎。

關於步法的組合的特點、作用、運用時機、動作要點、主要發力部位及關節運動、手法與步法的配合時機、易犯錯誤，以及糾正方法等，將在下一章——第四章步法的應用中詳敘，故在此不贅談。

第三章 步法種類的劃分及技術分析

157

第四章
步法的應用[1]

第一節　主動時步法的應用

一、快攻、弧圈類打法主動時步法的應用

（一）向前與向後縱向步法的應用

1. 向前步法的應用

　　快攻、弧圈類選手回擊來球前的站位，一般選在離臺 30～50 公分遠的位置，若來球的回擊用向前的步法移動，說明來球被拍擊中的擊球點在球臺的端線附近。

　　擊球點在端線附近的球又可分為臺內球與出臺球兩種。

　　（1）主動時回擊臺內球步法的應用

　　① 回擊近網球的步法

　　A. 回擊右方近網球時的步法（圖 50、51）

　　因為處於主動擊球狀況，且回擊的是近網來球，故

---

① 步法的應用一章，均以右手為例。

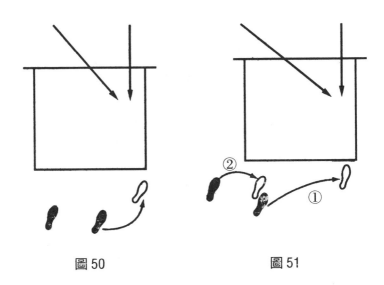

圖 50   圖 51

球的弧線曲度、速度都較大和較慢。這時採用的步法一般為原地步或預動步與單步或跨步的組合。

　　站位離網較近時，採用原地步起動、引拍。右腳運用單步上前（圖 50），手臂同時前伸，用正手去回接近網來球。

　　站位離網較遠時，採用預動步起動，同時引拍。右腳運用跨步上前（圖 51），同時手臂前伸，舉到臺內，用正手去回接近網來球。

　　B.回擊中間近網球時的步法（圖 52）

　　採用原地步起動，同時引拍。一般以左腳（也有的用右腳）運用單步上前，同時手臂前伸，舉到臺內中間附近，用正手去回接近網來球。

　　C.回擊左方近網球時的步法（圖 53）

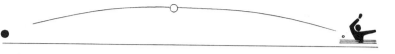

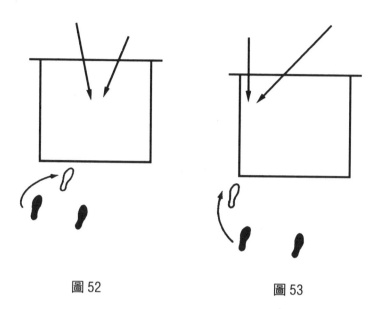

圖 52　　　　　　　　圖 53

　　採用預動步起動，同時引拍。一般以左腳（個別選
手用右腳）運用單步向左前方上步，同時手臂前伸，舉
到臺內，用反手回接近網來球。

　　② 回擊恰好未出臺球的步法

　　步法移動的方向、方式基本與回擊近網球時相同，
唯一的區別是移動的範圍較回擊近網球為小，所以使用
跨步的頻率相對為少，主要是原地步（預動步）與單步
的組合。

　　（2）主動時回擊出臺球步法的應用

　　步法移動的方向、方式基本與回擊近網球時相同，
但因來球剛出臺，且自己處於主動位置（剛出臺的球離
選手站位的距離很近），所以步法移動的範圍較回擊恰

好未出臺球的步法移動範圍更小，使用跨步的頻率也更少，主要是碎步、原地步、預動步與單步之間的組合運用。

① 回擊右方剛出臺球時的步法

採用碎步起動，同時引拍。然後右腳單步上前，同時手臂前伸，用正手去回接來球。

② 回擊中間剛出臺球時的步法

採用原地步起動，同時引拍。然後左腳單步上前，手臂同時前伸用正手去回接來球。

③ 回擊左方剛出臺球時的步法

採用預動步起動，同時引拍。然後左腳單步向左前上步，手臂同時前伸用反手（角度不大的來球也可用正手）回接來球。

有時左方剛出臺球的步法，也可以是預動步與碎步的組合，這要看來球距身體的遠近而定。

2. 向後步法的應用

同向前移動步法的選位一樣，快攻、弧圈類選手回擊來球前的站位一般在離臺 30～50 公分遠的位置。若回擊來球用向後的步法移動，說明來球的線路較長，又因是在主動的情況下，說明來球的弧線曲度又較大，故站在原位置擊球或向前移動擊球的擊球點，都不是最佳位置，因此，需要向後移動步法做適當的、有力回擊的調整。

（1）回擊右方曲度大長球時的步法（圖 54）

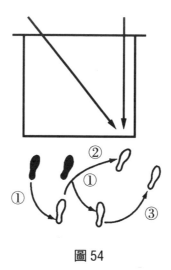

圖 54

採用原地步起動，同時引拍。然後採用跳步向後移動到適當的位置，兩腳落地後採用正交叉步向右斜前方小幅度移動，左腳落地與轉腰揮拍擊球動作同步，擊球後右腿隨著轉腰動作順勢旋內跟上一小步，用正手動作回擊來球。

（2）回擊中間曲度大長球時的步法（圖55）

採用預動步起動，同時引拍。然後右腳向右斜後方跨出一大步，腳落地的同時揮拍，用正手動作回擊來球。

（3）回擊左方曲度大長球時的步法（圖56）

採用碎步起動，同時引拍。然後左腳根據來球的長度與曲度大小，運用單步或跨步向左斜後方跨出一步，腳落地的同時揮拍，用反手動作回擊來球。

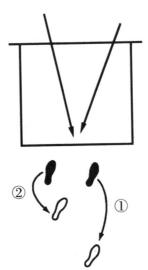

圖 55

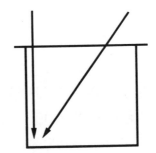

圖 56

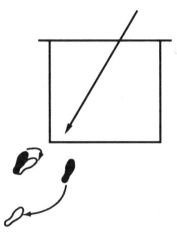

圖 57

3. 向前、向後步法結合的應用

如先用跳步後退，再以跨步（單步、交叉步）向前，然後再以跳步（小跳步、併步）調整等。故訓練比賽最常用的是步法的結合應用。

（二）向左與向右橫向步法的應用

1. 向左步法的應用

因本章的研究均以右手為例進行說明，故向左移動步法的應用 90% 以上是指側身步法的應用（右手持拍的選手選位時就偏左大角站位，若再向左移動步法則基本上屬於側身步法），除了極個別的從自己的右方位置還原到中間偏左位置的情況。

（1）主動時單步向左步法的應用（圖 57）

採用預動步起動，同時引拍。然後右腳向左腳後外

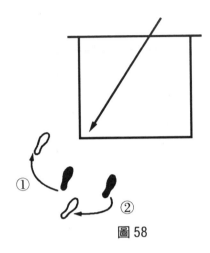

圖58

旋擺動邁出一步，左腳原地有個內旋的動作（仍屬於單步範疇）。腳落地的同時揮拍，用正手動作回擊來球。

因為是主動的情況，所以有較充足的時間準備、移動和擊球，在步法移動的幅度及用力強度上都較大。

（2）主動時跨步向左步法的應用（圖58）

採用預動步起動，同時引拍。然後運用跨步向左移動，腳落地的同時揮拍，用正手動作回擊來球。

因為主動，所以跨步的幅度較大。

（3）主動時跳步向左步法的應用（圖59）

採用預動步起動，同時引拍。然後運用跳步向左移動，腳落地的同時揮拍，用正手動作回擊來球。

因為主動，所以跳步的幅度較大。

（4）主動時兩步滑步向左步法的應用（圖60）

採用原地步起動，同時引拍。然後運用兩步滑步向

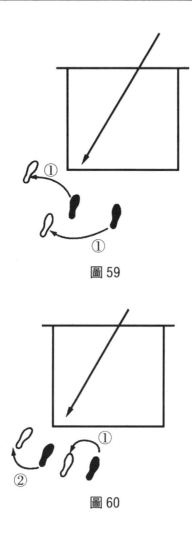

圖 59

圖 60

左移動，最後一隻腳落地的同時揮拍，用正手動作回擊
來球。

　　因為主動，所以兩步滑步的幅度較大。

　　（5）主動時三步滑步向左步法的應用（圖 61）

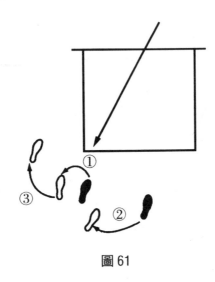

圖 61

　　採用原地步起動，同時引拍。然後運用三步滑步向左移動，最後一隻腳落地的同時揮拍，用正手動作回擊來球。

　　因為主動，所以三步滑步的每步間距、動作幅度都較大。

　　（6）主動時墊步向左步法的應用（圖62）

　　採用原地步起動，同時引拍。然後運用墊步向左移動，最後一隻腳落地的同時揮拍，用正手動作回擊來球。

　　因為主動，所以墊步幅度較大。

　　（7）主動時墊跨步向左步法的應用（圖63）

　　採用原地步起動，同時引拍。然後運用墊跨步向左移動，最後一隻腳落地的同時揮拍，用正手動作回擊來

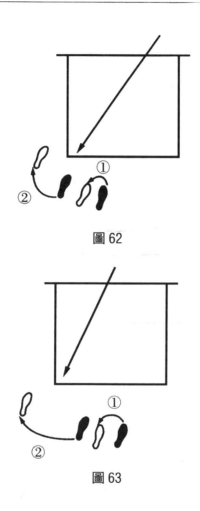

圖 62

圖 63

球。

　　因為主動，所以墊跨步邁得很開，動作幅度較大。

　　（8）主動時兩步蹬跨步向左步法的應用（圖 64）

　　採用原地步起動，然後運用兩步蹬跨步向左移動。

最後一隻腳落地後轉腰、引拍、揮拍，用正手動作回擊

169

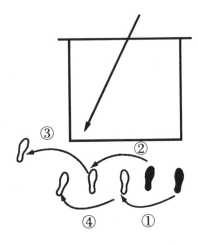

圖 64-1 最後落地腳爲右腳

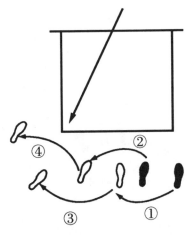

圖 64-2 最後落地腳爲左腳

來球。此步法僅在主動時使用，因其移動範圍特別大，
動作結構複雜，環節眾多，故在相持或被動情況下極易
被對方抓住弱點進行突擊。

（9）幾點說明

① 向左移動的步法，既可以是大幅度、大範圍地移動，將整個身體側開到球臺左大角之外（稱之為側身步），又可以僅僅是由準備姿勢時的站位狀態向左小幅度、小範圍的移動，但並未側身。

② 向左移動的步法包括側身步法，而側身步法都是用正手動作還擊來球，可是向左步法既可以用正手，也可以用反手動作還擊來球。

③（1）至（8）種向左步法的應用，除用正手側身還擊外，同樣可不側身而用反手動作回擊。

2. 向右步法的應用

（1）主動時單步向右步法的應用

① 基本同向左步法的應用。

② 區別：移動方向相反，移動方式更接近與球臺平行（而向左單步步法側身成份較大，水平移動受影響成份也較大）。

（2）主動時跨步向右步法的應用

① 基本同向左步法的應用。

② 區別：同（1）中的區別基本一致。

（3）主動時跳步向右步法的應用

① 基本同跳步向左步法的應用一致。

② 區別：同（1）中的區別基本一致。

（4）主動時兩步滑步向右步法的應用

① 基本同此步法向左的應用一致。

② 區別：同（1）中的區別基本一致。

（5）主動時三步滑步向右步法的應用

① 基本同此步法向左的應用一致。

② 區別：同（1）中的區別基本一致。

（6）主動時墊步向右步法的應用

① 基本同此步法向左的應用一致。

② 區別：同（1）中的區別基本一致。

（7）主動時墊跨步向右步法的應用

① 基本同此步法向左的應用一致。

② 區別：同（1）中的區別基本一致。

（8）幾點說明

① 向左與向右橫向步法的應用，無論從動作方法上還是移動形式上，都基本相似，它們之間的區別僅在於：一個是以向左前方斜上移動為多（指向左移動步法），一個是以向右方橫向水平移動為多（指向右移動步法）。

② 上面（1）至（7）種向右步法的應用不同於這些步法的向左移動（既可以用正手回擊來球，又可以用反手回擊來球），它們幾乎全部是用正手動作回擊來球。

③ 向右步法的應用不包括向左步法應用中的兩步蹬跨步步法。

（9）主動時交叉步向右步法的應用（圖65）

採用原地步起動，同時引拍。然後運用正交叉步向

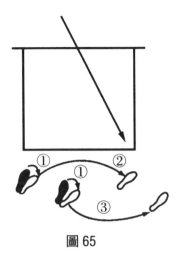

圖 65

右移動，身體騰空（左腳在前時）與揮拍擊球同步，用正手動作回擊來球。擊球後，右腳隨著身體扭轉的慣性順勢跟上一步。

因為主動，所以正交叉步的幅度、移動範圍均較大。

3.向左、向右步法結合的應用

無論是從左到右或從右到左進行步法移動時，通常都是把前面講過的單步、跨步、跳步、滑步、墊步、墊跨步、兩步蹬跨步及交叉步等多種在橫向移動上較實用的步法結合起來，根據來球的不同情況加以組合、重組的運用。

在這些步法的結合、重組應用時，其中快攻打法的選手會較多地使用單步或跨步結合小跳步或跳步向左右兩側移動，也經常使用單步或跨步結合墊步或墊跨步、

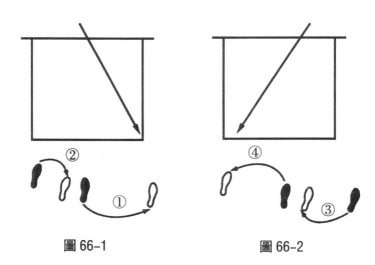

圖 66-1 圖 66-2

單步與滑步、單步或小跳步與交叉步的組合。

應用單步結合單步向左、右移動的情況較少，而以單步向側前方上步後再以跳步向側後方移動的卻比較多。

應用交叉步向左或向右做大幅度的移動後，繼續以交叉步向相反方向進行移動的比較少（但目前歐洲選手採用這種移動方式的人開始多起來了），一般在交叉步移位後，較多地是先以小跳步來調整位置，然後再以單步或跳步去移位。

需要指出的是，兩步蹬跨步只適用從右到左的步法移動。

下面將向左、向右步法的結合，舉幾例說明：

（1）先跨步向右移位（圖 66-1），再跳步向左移位（圖 66-2）。

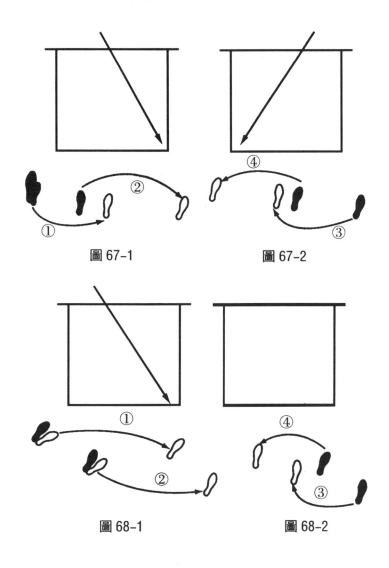

圖 67-1　　　　　　　　圖 67-2

圖 68-1　　　　　　　　圖 68-2

（2）先跳步向右移位（圖 67-1），再跳步向左移位（圖 67-2）。

（3）先以交叉步向右移動（圖 68-1），再跳步

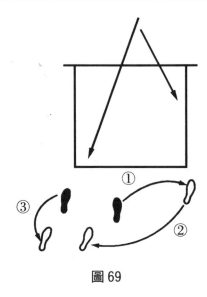

圖 69

（併步）還原（圖68-2）。

　（4）先以單步向側前方上步，再以跳步向側後方移動（圖69）。

二、削球類打法主動時步法的應用

（一）向前與向後縱向步法的應用

1. 向前步法的應用

（1）主動時回擊臺內球步法的應用

① 回擊近網球的步法

　因為處於主動，故站位相對較近。在這種情況下，削球類打法回擊近網球（右方近網球、中間近網球、左方近網球）的步法幾乎與攻球、弧圈類打法回近網球的步法完全一致，較多地用單步或跨步移動步法（參見圖

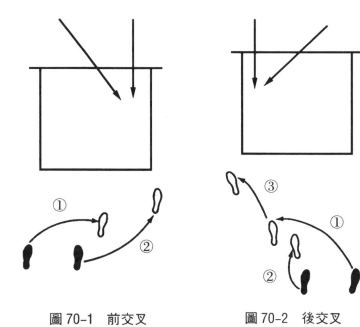

圖 70-1　前交叉　　　　　　　圖 70-2　後交叉

50～53）。

　　當站位離臺較遠時，首先採用碎步起動，然後採用交叉步（可以是在體前交叉的前交叉步，也可以是在體後交叉的後交叉步，圖 70-1 與圖 70-2）上前，同時手臂前伸，舉到臺內，根據來球是右方近網、中間近網、左方近網的具體情況，選用正手或反手動作去回擊近網的來球。

　　說明：圖 70-2 所示的後交叉步移動方法，與第三章第二節十八中的（四）、3、（2）的後交叉步移動方法有所不同，該步法指的是用反手進攻（個別情況也可以是正手進攻）體前球時所採用的步法；而圖 70-2 所

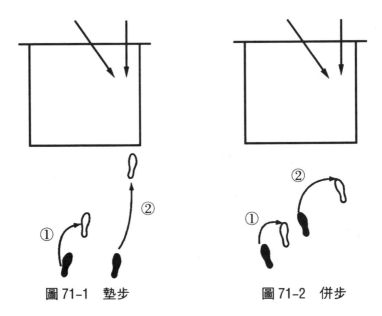

圖 71-1　墊步　　　　　　圖 71-2　併步

示的步法是用反手（也可以是正手）回接離身體很遠的來球（可是進攻回擊，也可是防守回擊）所採用的步法。一個是兩步後交叉，一個是三步後交叉。因三步後交叉步一般僅限於削球打法從後向前的移動，故在第三章第二節的步法技術分析中未加闡述，在此補充說明之。

②回擊恰好未出臺球的步法

因站位與來球之間的距離較回擊近網球的移動距離為小，故此情況下（又因為比較主動，來球質量相對不高）採用交叉步的較少，一般會較多地運用小跳步起動，然後採用墊步（圖 71-1）或併步（圖 71-2）上前，同時手臂前伸，舉到臺內，根據來球是哪種（右

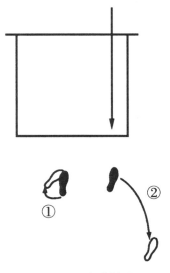

圖72 單步或跨步

方、中間、左方）恰好未出臺的球，選用正手或反手動作去回擊。

（2）主動時回擊出臺球步法的應用

因處於主動情況，說明對方來球質量不高；又因來球是出臺球，說明對方來球距離自己站位又較小，所以步法移動的範圍較回擊恰好未出臺球的步法移動範圍更小，故使用交叉步、墊步、併步的頻率也較少。這種情況下，更多地是使用單步、跨步等（參見圖50～53）步法的移動來回擊右方、中間、左方的來球。

2. 向後步法的應用

（1）主動時回擊右方曲度大長球的步法（圖72）

採用預動步起動，同時引拍，然後採用單步或跨步

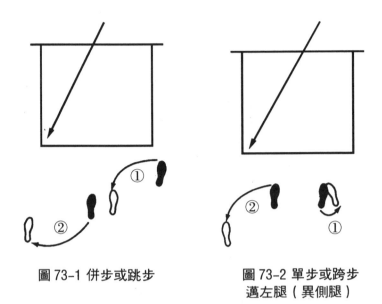

圖 73-1 併步或跳步　　　　　圖 73-2 單步或跨步
　　　　　　　　　　　　　　　　邁左腿（異側腿）

後退的步法移動，轉腰與最後一步腳落地同步，緊接著
揮拍回擊右方來的長球。

　（2）主動時回擊左方曲度大長球的步法

　　採用預動步起動，同時引拍，然後採用併步或跳步
後退的移動步法。當腳落地後，轉腰、揮拍、回擊左方
來的長球（圖 73-1）。

　　無論是回擊右方來球還是回擊左方來球，因此時處
於主動位置，說明來球的力量較小、速度較慢、弧線曲
度較大、角度不刁，故在步法的移動速度上、移動範圍
上的要求，相對都較低。所以，同回擊右方曲度大長球
的步法相似。回擊左方曲度大長球的步法也經常採用單
步或跨步後退去回擊來球（圖 73-2、73-3）。

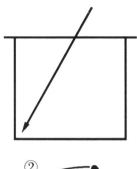

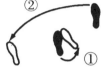

圖 73-3 單步或跨步
邁右腿（同側腿）

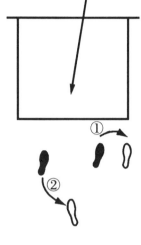

圖 74

（3）主動時回擊中間位
置長球的步法

① 回擊中間偏左來球的
步法（圖 74）

採用預動步起動，同時引
拍，然後採用跨步向右（後）
移動步法。在最後落地的腳著
地的同時，轉腰、揮拍、回擊
中間偏左的「追身」來球（用
反手回接）。

② 回擊中間偏右來球的
步法（圖 75）

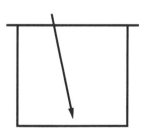

圖 75

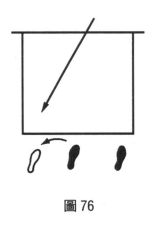

圖76

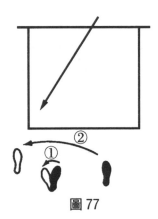

圖77

採用預動步起動，同時引拍，然後採用單步向左（後）移動步法。腳著地的同時，轉腰、揮拍、回擊中間偏右的「追身」來球（用正手動作回接）。

3. 向前、向後步法結合的運用

向前與向後步法的結合一般分兩種：

（1）小範圍。此時多採用單步與單步、單步與跨步等的組合（單步上前、單步後退）。

（2）大範圍。此時多採用單步（跨步）上前，然後用併步或跳步後退的步法組合。

角度特別大時也可用墊步上前、交叉步後退的方法回擊來球，但因是主動情況，所以這種組合較少使用。

（二）向左與向右橫向步法的應用

1. 向左步法的應用

（1）主動時單步向左步法的應用（圖76、77）

① 邁左腳單步步法（圖76）

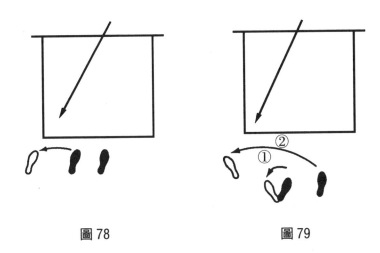

圖 78　　　　　　　　圖 79

採用預動步起動，左腳向左側邁一步，轉腰，用反手擊球。

② 邁右腳單步步法（圖 77）

採用預動步起動，右腳向左側邁一步，腳落地後轉腰、揮拍擊球（用反手擊球）。

（2）主動時跨步向左步法的應用

① 邁左腳跨步步法（圖 78）

採用預動步起動，左腳向左側跨一步，腳落地後轉腰、揮拍用反手擊球。

② 邁右腳跨步步法（圖 79）

採用預動步起動，右腳向左側跨一步，腳落地後轉腰、揮拍用反手擊球。

（3）主動時跳步（併步）向左步法的應用（圖 80）

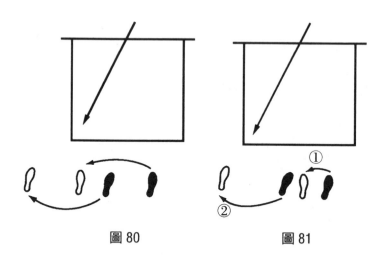

圖 80 　　　　　　　圖 81

採用預動步起動，然後運用跳步（併步）向左移動，腳落地的同時，轉腰、揮拍，用反手動作回擊來球。

（4）主動時墊步向左步法的應用（圖81）

採用預動步起動，然後運用墊步向左移動，腳落地（最後著地腳）的同時，轉腰、揮拍，用反手動作回擊來球。

（5）幾點說明

① 因為是較主動的情況，所以，所使用的單步、跨步、跳步（併步）、墊步等步法都是移動範圍相對較小的步法。

② 因為是較主動的情況，所以移動範圍較大的削球步法，諸如墊跨步、交叉步等，在此未作介紹（主動時用不上這些步法）。

2. 向右步法的應用

（1）主動時單步向右步法的應用

同向左單步步法一致，僅方向相反。

（2）主動時跨步向右步法的應用

同向左跨步步法一致，僅方向相反。

（3）主動時跳步（併步）向右步法的應用

同向左跳步（併步）步法一致，僅方向相反。

（4）主動時墊步向右步法的應用

同向左墊步步法一致，僅方向相反。

（5）主動時不使用墊跨步、交叉步等步法

3. 向左、向右步法結合的應用

削球類打法同攻球、弧圈球類打法一樣，無論是從左到右還是從右到左進行步法移動時，通常都是把單步、跨步、併步、跳步、墊步、墊跨步、交叉步等多種步法結合起來，根據來球情況，根據自己主動或被動的局面，進行適當、合理的應用。

例如，削球類打法進行小範圍的左右兩側移動時，較多地使用單步與併步相結合的方法（圖 82）；但在進行範圍較大的左右兩側移動時，則會較多地使用併步和併步相結合的步法移動（圖 83-1、83-2）；使用交叉步向左或向右做大幅度的移動後，繼續以交叉步向相反方向移動的情況較少（但目前個別選手已開始這樣使用），多半是先以跳步或併步調整位置，然後再以單步或併步進行步法移動。因為主動時很少能用上這種步法

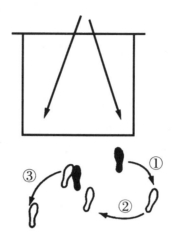

圖82　先以單步向右方移動再以併步向左方移動

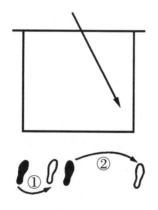

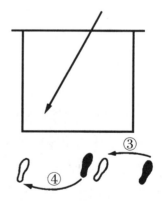

圖83-1　先以併步向右移動　　圖83-2　再以併步向左移動

組合，故在此不作更多闡述，將於相持時、被動時步法的應用兩節中加以說明。

第二節 相持時步法的應用

一、快攻、弧圈類打法相持時步法的應用

（一）向前與向後縱向步法的應用

1.向前步法相持時的應用

（1）向前步法相持時的應用與向前步法主動時的應用基本一致，可參見本章一節一（一）1的內容。

（2）區別：一種情況是相持，另一種情況是主動。因此，相持情況下的步法應用在準備時間上較緊張，在移動範圍上較受限（來不及做大幅度、大範圍的移動）；在起動方式上較多地使用諸如預動步、碎步等能快速銜接移動步法的步法，在來球的質量上也相對較高。

2.向後步法相持時的應用

（1）向後步法相持時的應用與向後步法主動時的應用基本一致，可參見本章一節一（一）2的內容。

（2）區別：同本節一（一）1（2）的內容。

3.向前、向後步法結合的應用

因為處於相持階段，步法移動的幅度、範圍都較主動時為小，所以，這時步法之間的組合運用就顯得比較重要。例如，先用跳步後退準備擊球，再以跨步（圖84）、單步、交叉步（圖85）向前，然後再以跳步

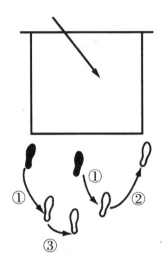

圖 84-1　先跳步後退，
　　　　　再跨步向前

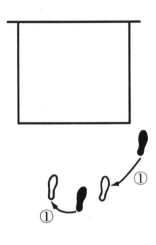

圖 84-2　再跳步調整

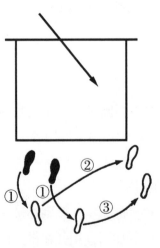

圖 85-1　先跳步後退，
　　　　　再交叉步向前

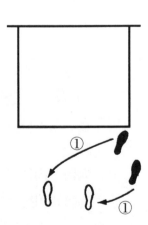

圖 85-2　再跳步調整

（小跳步、併步）調整位置等。

（二）向左與向右橫向步法的應用

1. 向左步法相持時的應用

（1）向左步法相持時的應用與向左步法主動時的應用基本一致，可參見本章一節一（二）1的內容。

（2）區別：一種情況是相持，另一種情況是主動。因此，相持情況下的步法應用在用時方面較緊張，在移動方面較受限，在起動方面較突然，在來球方面質量高。所以，諸如兩步蹬跨步步法在相持中應用的頻率則較低，大幅度、大範圍的向左側身的頻率同樣較低。

2. 向右步法相持時的應用

（1）向右步法相持時的應用與向右步法主動時的應用基本一致，可參見本章一節一（二）2的內容。

（2）區別：同本節一（二）1（2）的內容，但兩步蹬跨步步法除外。

3. 向左、向右步法相持時結合的應用

（1）向左、向右步法相持時結合的應用與向左、向右步法主動時結合的應用基本一致，可參見本章一節一（二）3的內容。

（2）區別：

① 起動步多用於較突然、便於起動及與其他步法銜接的步法。

② 移動範圍較主動時為小。

二、削球類打法相持時步法的應用

（一）向前與向後縱向步法的應用

1. 向前步法相持時的應用

（1）向前步法相持時的應用與向前步法主動時的應用基本一致，可參見本章一節二（一）1的內容。

（2）區別：

① 起動上較多地採用較突然、便於迅速起動、起動後便於與其他相關步法銜接的步法。

② 移動的範圍較主動時為小。

③ 移動的幅度較主動時為小。

2. 向後步法相持時的應用

（1）向後步法相持時的應用與向後步法主動時的應用基本一致，可參見本章一節二（一）2的內容。

（2）區別：

① 起動上較多地採用諸如預動步、碎步等較突然、迅速起動的步法，以及便於與其他步法相銜接的步法。

② 移動範圍較主動時為小，避免無謂的失去重心，造成失位。

③ 移動的幅度較主動時為小。

3. 向前、向後步法相持時結合的應用

（1）單步上前、單步後退的組合（圖86）

單步上前接對方近網球後，單步後退接對方底線長

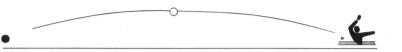

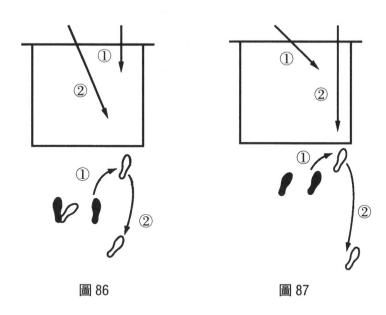

圖 86　　　　　　　　圖 87

球。

　　（2）單步上前、跨步後退的組合（圖87）

　　單步上前接近網短球，跨步後退接對方突擊的底線長球。

　　（3）跨步（單步）上前、併步（跳步）後退的組合（圖88）

　　跨步（單步）上前接近網球後，採用併步（跳步）後退接反手大角度長球。

　　（4）跨步（單步）上前，交叉步後退的組合（圖89）

　　跨步（單步）上前接近網球後，採用交叉步後退接很快的反手大角度長球。

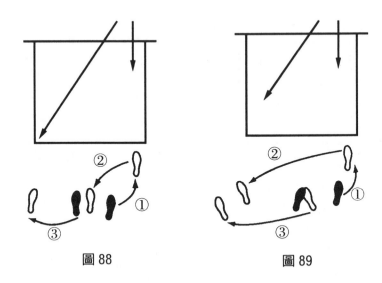

圖 88　　　　　　　　圖 89

（5）跳步後退、跨步（單步）上前的步法組合
（圖90）

先用跳步向後調整位置，再根據來球使用跨步（單步）向前進行回擊。

（6）跳步後退、墊步上前的步法組合（圖91）

先用跳步向後調整位置，再根據來球情況使用墊步向前進行回擊。

（二）向左與向右橫向步法的應用

1. 向左步法相持時的應用

（1）向左步法相持時的應用與向左步法主動時的應用基本一致，可參見本章一節二（二）1的內容。

（2）區別：

① 起動上較多地採用預動步、碎步等便於迅速起

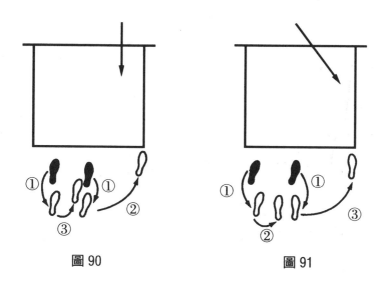

圖 90　　　　　　　　圖 91

動及與其他步法銜接的步法。

　　② 移動範圍較主動時為小。

　　③ 移動的幅度較主動時為小。

2. 向右步法相持時的應用

　　（1）向右步法相持時的應用與向右步法主動時的
應用基本一致，可參見本章一節二（二）2 的內容。

　　（2）區別：同本節二（二）1（2）的內容。

3. 向左、向右步法相持時結合的應用

　　（1）向左、向右步法相持時結合的應用與向左、
向右步法主動時結合的應用基本一致，可參見本章一節
二（二）3 的內容。

　　（2）區別：同本節二（二）1（2）的內容。

第四章　步法的應用

第三節 被動時步法的應用

一、快攻、弧圈類打法被動時步法的應用

(一)向前與向後縱向步法的應用

1. 向前步法被動時的應用

（1）相同（指與相持情況）

向前步法被動時的應用與向前步法相持時的應用基本一致，可參見本章一節一（一）1的內容。

（2）區別（指與相持情況）

① 起動

因被動而變得應急性、隨機性特別強，根據來球的具體情況選擇如何起動，但一般均以碎步、小跳步起動。

② 移動範圍

因被動而疲於奔命，被迫按對手節奏打。多半是應急和救球的步法隨機組合，故在移動範圍上既相對無序又相對較大。

③ 動作幅度

與移動範圍的大小正好相反，因被動而必須縮小動作幅度，以便跟上對方來球的節奏及質量，儘可能快地進入相持階段，進而完成攻守轉換，變被動為相持，變相持為主動，變主動為勝利。

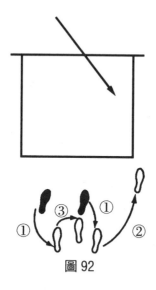

圖 92

④ 準備（指回合進行中的準備）

　A. 心理準備：不充分，難以預知對方來球的力量、速度、弧線、旋轉、落點及節奏等諸多方面的變化。

　B. 時間準備：倉促、緊迫，應急成份居多。

　C. 動作準備：便於左、右、前、後均能應付，出手快，利於還原的動作。

　D. 步法準備：採用利於快速起動、利於迅速還原、利於步法銜接的步法。

⑤ 步法組合應用

　關於步法組合應用，與主動時、相持時步法組合應用相一致的在這裡不再重複敘述，只是講被動時所採用的不同於其他情況的步法組合及應用。

　A. 先跳步後退再跨步上前的步法組合（圖 92）

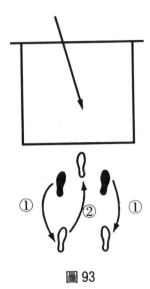

圖 93

　　因被動，本能地向後跳一步，以便緩衝視覺感應及
對來球力量、速度的壓力。之後，根據來球情況跨步上
前回擊（救回）來球。

　　B. 先跳步後退再弓箭步上前的步法組合（圖 93）

　　為緩衝視覺及來球的壓力，先向後跳一步，當來球
為離身體很遠的短球時，迅速使用邁異側腿的弓箭步上
前回擊來球。

　　C. 先跳步後退再蹲步上前的步法組合

　　組合及應用形式基本與跳步後退與弓箭步上前的組
合類似，所不同的是來球出臺後迅速下「潛」，既短又
深，在用別的步法來不及的情況下採用蹲步上前回接。

　　D. 先跳步後退再前魚躍步上前的步法組合

　　跳步後退後，對方突然放一個很短的短球（剛出

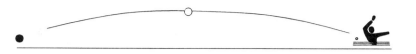

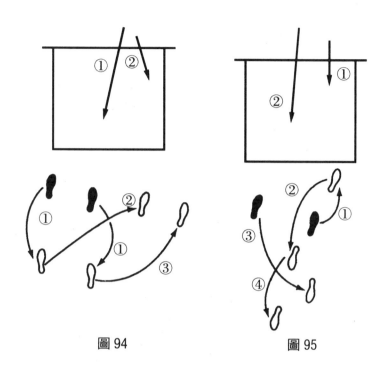

圖 94　　　　　　　　　圖 95

臺），且球不向前飛行，離身體的距離又遠，採用別的
步法已來不及的情況下採用前魚躍步法上前救回來球。

　　E. 先跳步後退再交叉步上前的步法組合（圖 94）

　　跳步後退接對方擊來的長球後，緊接著對方又放了
一個短球，當來球距身體較遠時，使用交叉步上前進行
回擊。

　　圖 94 中所示為正手位來球，反手位亦可。

　　F. 先單步上前再騰空步後退的步法組合（圖 95）

　　先單步上前回擊對方擊來的短球，當回接不當出現
機會球而被對方從上至下「殺」在球臺上的來球，跳得

很高、很遠時，快速轉身向後採用騰空步救球。騰空時背對來球方向在頭頂上擊球。

G. 跑動步與向前、向後的步法組合

當對方的來球情況較特殊時可採用跑動步的形式來應付來球：可以是由後向前的跑動步，也可以是由前向後的（倒退跑、轉身向後跑）跑動步。

關於向前步法被動時的應用還有一些，在此不再一一列舉，只要把基本步法掌握熟練加以有機結合，就可以演化出許許多多既簡單又實戰的步法組合來。

2. 向後步法被動時的應用

（1）相同（指與相持情況）

向後步法被動時的應用與向後步法相持時的應用基本一致，可參見本章一節一（一）2 的內容。

（2）區別（指與相持情況）

① 同本節一（一）1（2）①～④的內容

② 步法組合應用

基本與本節一（一）1（2）⑤的內容相近似，只是組合的順序向前與向後的先後順序有所不同而已。

A. 先單步上前再交叉步後退的步法組合（圖96）

先單步上前回接近臺來球，被動時（來球力量大、角度刁）馬上利用交叉步向後移動步法回接來球。

B. 先單步上前再跳步後退的步法組合（圖97）

先單步上前回接近臺來球，被動時迅速利用跳步向後移動步法回接來球。

乒乓球步法的技巧

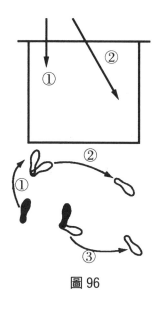

圖 96

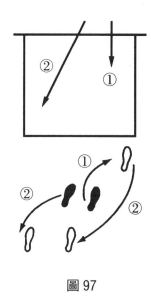

圖 97

C. 跨步上前再跳步後退的步法組合方法基本同 B。

D. 跨步上前再交叉步後退的步法組合方法基本同 A。

E. 跳步上前再墊步後退的步法組合（圖 98，多用於雙打的跳步補位再墊步移動）

先跳步上前調整位置（補位），再根據來球情況利用墊步快速向後移動步法回接來球。

關於向後步法被動時的應

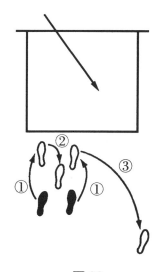

圖 98

199

用還有一些，在此不再列舉。

3. 向前、向後步法被動時的結合應用

（1）相同（指與相持情況）

向前、向後步法被動時的結合應用與向前、向後步法相持時的結合應用基本相同，可參見本章二節一（一）3的內容。

（2）區別（指與相持情況）

與本節一（一）1（2）中①～⑤及2（2）②的區別內容相同。

（二）向左與向右橫向步法的應用

1. 向左步法被動時的應用

（1）相同（指與相持情況）

向左步法被動時的應用與向左步法相持時的應用基本一致，可參見本章一節一（二）1的內容。

（2）區別（指與相持情況）

① 同本節一（一）1（2）①～④的內容。

② 步法組合應用：

A.先以跳步向右再以交叉步向左的步法組合（圖99）

先採用跳步回擊對方的右方來球，在較被動時（來球距身體較遠的左方來球）再次回擊左方來球可採用反交叉步進行移位。

這種情況出現較少，多半是在向右移動失去重心時才採用。

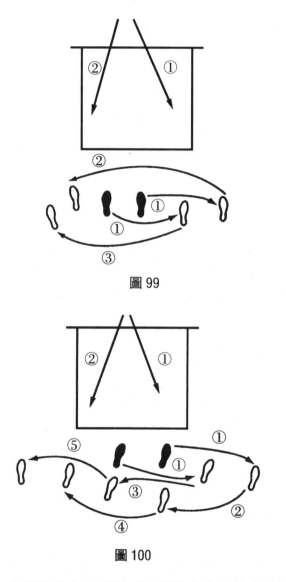

圖 99

圖 100

B. 先以跳步向右再以兩步蹬跨步向左的步法組合
（圖 100）

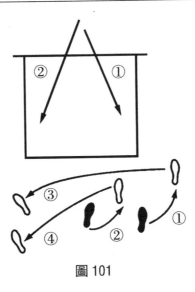

圖 101

　　先以跳步向右移動回接對方擊來的右方來球，在較
被動時回擊對方緊接著擊來的左方來球時可採用兩步蹬
跨步步法進行移位回擊來球。

　　C. 先以跨步向右再以魚躍步向左的步法組合（圖
101）

　　先以跨步回接右方來球，在很被動時回接對方突然
攻擊的左方大角度或小角度來球時，迫不得已可使用魚
躍步回擊來球。

　　2. 向右步法被動時的應用

　　（1）相同（指與相持情況）

　　向右步法被動時的應用與向右步法相持時的應用基
本一致，可參見本章一節一（二）2 的內容。

　　（2）區別（指與相持情況）

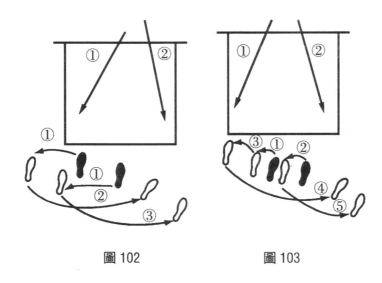

圖 102　　　　　　　圖 103

① 同本節一（一）1（2）①～④的內容。

② 步法組合應用：

A. 先以跳步向左再以交叉步向右的步法組合（圖102）

先以跳步向左（用反手回接或側身用正手回接）回擊左方來球，再以正交叉步移動回擊右方來球。

B. 先以滑步（三步）向左再以交叉步向右的步法組合（圖103）

先以三步滑步向左移位，用反手回接來球或側身用正手回接來球，再以正交叉步移動回擊對方緊接著擊來的右方來球。

C. 先以兩步滑步向左再以交叉步向右的步法組合

基本同三步滑步向左再以交叉步向右的步法組合。

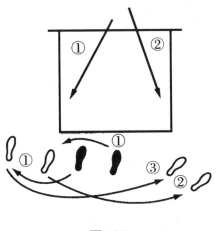

圖104

D. 先以單步（跨步）向左再以交叉步向右的步法組合

基本同兩步滑步向左再以交叉步向右的步法組合。

E. 先以跳步向左再以魚躍步向右的步法組合（圖104）

先以跳步向左移位回接對方擊來的左方來球（可用反手，也可側身用正手回接），在較被動且對方緊接著擊來的右方來球距身體較遠、速度又快時，可採用魚躍步移位來回接來球。

F 先以滑步（兩步、三步均可）向左再以魚躍步向右的步法組合

基本同先以跳步向左再以魚躍步向右的步法組合。

G 先以跨步向左再以魚躍步向右的步法組合

基本同先以跳步向左再以魚躍步向右的步法組合。

3. 向左、向右步法被動時的結合應用

（　）相同（指與相持情況）

向左、向右步法被動時的結合應用與向左、向右步法相持時的結合應用基本相同，可參見本章一節一（二）3 的內容。

（2）區別（指與相持情況）

與本節一（一）（2）①～④的區別內容相同。

該區別同本節一（二）（2）②及 2（2）②的區別內容相同。

二、削球類打法被動時步法的應用

（一）向前與向後縱向步法的應用

1. 向前步法被動時的應用

（　）相同（指與相持情況）

向前步法被動時的應用與向前步法相持時的應用基本一致，可參見本章一節二（一）2 的內容。

（2）區別（指與相持情況）

① 同本節一（一）（2）①～④的內容。

② 步法組合應用

A 與本節一（一）（2）⑤的「步法組合應用」的內容幾乎完全一致。

B 先跳步後退再墊步上前的步法組合（圖　）5

先以跳步向後回接長的來球，再用墊步上前回接較短的來球。

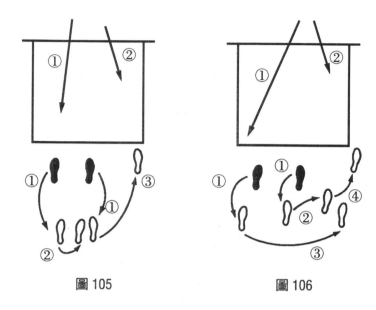

圖 105　　　　　　　　圖 106

C. 先跳步後退再後交叉步上前的步法組合（圖
106）

先以跳步向後回接大角度長球，再用後交叉步上前
回接近網短球。

2. 向後步法被動時的應用

（1）相同（指與相持情況）

向右步法被動時的應用與向後步法相持時的應用基
本一致，可參見本章一節二（一）2 的內容。

（2）區別（指與相持情況）

① 同本節一（一）1（2）①～④的內容。

② 步法組合應用

A. 與本節一（一）2（2）②的「步法組合應用」的

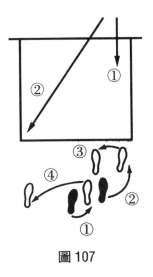

圖 107

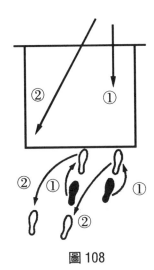

圖 108

內容幾乎完全一致。

B. 先墊步向前再墊步後退的步法組合（圖 107）

先墊步上前回接對方擊來的近臺來球，擊球後以墊步後退回接對方緊接著擊來的大角度長球。

此步法多半是在應急情況下使用。

C. 先跳步向前再跳步後退的步法組合（圖 108）

先跳步上前回接近臺來球，再用跳步還原或回接對方緊接著擊來的大角度來球。

3. 向前、向後步法被動時的結合應用

（1）相同（指與相持情況）

向前、向後步法被動時的結合應用與向前、向後步法相持時的結合應用基本相同，可參見本章二節一（一）3 的內容。

（2）區別（指與相持情況）

① 與本節一（一）1（2）①～⑤的區別內容相
同。

② 與本節一（一）2（2）中的區別內容相同。

③ 與本節二（一）1（2）②的區別內容相同。

④ 與本節二（一）2（2）②的區別內容相同。

（二）向左與向右橫向步法的應用

1. 向左步法被動時的應用

（1）相同（指與相持情況）

向左步法被動時的應用與向左步法相持時的應用基
本一致，可參見本章一節二（二）1的內容。

（2）區別（指與相持情況）

① 同本節一（一）1（2）①～④的內容。

② 步法組合應用

A. 與本節一（二）1（2）②「步法組合應用」的區
別內容幾乎完全一致。

B. 先以墊步向右再以墊步向左的步法組合（圖
109）

先以墊步向右回接右方來球，當對方又突然攻擊左
方時，迅速採用墊步向左移動回擊來球。

C. 先以弓箭步向右，然後單步調整，再以弓箭步向
左的步法組合（圖110）

先以弓箭步向右回接對方突然擊來的右方大角度來
球，然後迅速用單步調整身體重心及站位，再以弓箭步

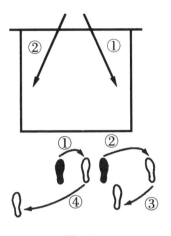

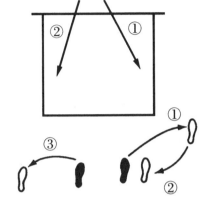

圖 109 　　　　　　　　　圖 110

向左回接對方緊接著突
然擊來的左方大角度來
球。

　D. 先以三步滑步向
右再以墊步向左的步法
組合（圖 111）

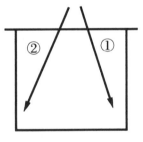

　先以三步滑步向右
移動步法回擊右大角的
來球，再迅速用墊步立
刻返回左大角回擊對方
緊接著擊來的左方來
球。

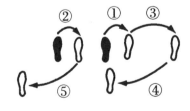

圖 111

2. 向右步法被動時的應用

（1）相同（指與相持情況）

向右步法被動時的應用與向右步法相持時的應用基本一致，可參見本章一節二（二）2的內容。

（2）區別（指與相持情況）

① 同本節一（一）1（2）①～④的內容。

② 步法組合應用

A. 與本節一（二）2（2）②「步法組合應用」的區別內容幾乎完全一致。

B. 先以墊步向左再以墊步向右的步法組合

先以墊步向左再以墊步向右同先以墊步向右再以墊步向左的步法組合及應用完全一致，只是先後順序及方向相反，可參見圖109。

C. 先以弓箭步向左再以弓箭步向右的步法組合

先以弓箭步向左再以弓箭步向右，同先以弓箭步向右再以弓箭步向左的步法組合及應用幾乎完全一致，只是先後順序及方向相反，可參見圖110。

D. 先以三步滑步向左再以後交叉步向右的步法組合（圖112）

先以三步滑步向左移動步法回擊左小角或大角度的來球，再迅速以後交叉步立刻返回右大角，回擊對方緊接著擊來的右方來球。

E. 先以三步滑步向左再以墊步向右的步法組合

方法同先以三步滑步向右，再以墊步向左的步法組合及應用幾乎完全一致，只是先後順序及方向相反，可參見圖111。

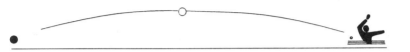

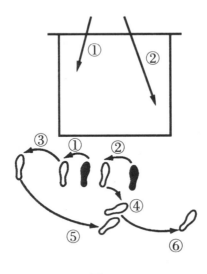

圖112

F. 先以三步滑步向左（或兩步滑步向左）再以兩步
滑步向右（或三步滑步向右）的步法組合

方法基本同滑步和墊步的步法組合，只是方向有所
區別。

3. 向左、向右步法被動時的結合應用

（1）相同（指與相持情況）

向左、向右步法被動時的結合應用與向左、向右步
法相持時的結合應用基本相同，可參見本章一節二
（二）3的內容。

（2）區別（指與相持情況）

① 與本節一（一）1（2）①～④的區別內容相
同。

② 與本節二（二）1（2）②的區別內容相同。

③ 與本節二（二）2（2）②的區別內容相同。

第四節　關於步法應用的幾點說明

一、步法組合應用的說明

（一）步法移動方向的說明

在本章前三節步法應用的闡述中，雖然人為地將其分為縱向移動步法（前、後移動）和橫向移動步法（左、右移動）兩種方向性很明確的步法種類，但在乒乓球運動實踐中，很明確地指出哪種步法是前後移動的步法、哪種步法是左右移動的步法是困難的，通常我們只能泛泛地說某步法常用於橫動、某步法適合於前後動等等，而前後移動與左右移動又沒有太明確（也不可能明確）的界限（為在理論上便於分析、研究才劃分明確界線），一般情況下向左右移動的同時就伴隨著前後的移動；同理，向前後的移動也伴隨著左右的移動。

因此，乒乓球步法的移動方向從實戰上來說應該是前、後、左、右移動方向相結合的斜向型移動，應該是直線移動與弧線移動方向相結合的曲線型移動。

（二）步法用力平衡的說明

「平衡」一詞大家再熟悉不過了，有物的平衡，例如：這面東西多，那面東西少，將多的一面的東西向少

的一面勻一勻讓兩面差不多；有人的平衡，例如：這個
班學生多，那個班學生少，將兩班調整、分配一下使人
數差不多；有生態平衡，例如：讓某種動、植物不要滅
絕，而又不讓某種動、植物繁衍過快、過多；也還有心
理平衡，等等。

但「平衡」一詞用在步法用力上，許多人卻熟視無
睹。例如，身體重心向左傾斜時，你會本能地全身肌肉
向右用力來平衡身體重心，使身體不致摔倒。同理，乒
乓球運動步法移動時的用力平衡也是如此，當你向右移
動用力後，必須有一個向左的身體肌肉收縮（運動）來
平衡向右移動用力後的慣性。

這種平衡可以是「靜」態的（只是身體內部肌肉的
收縮來平衡重心的穩定），也可以是動態的（身體可以
緊接著向左移動，且用力方向相反、力量大小相同）。
同樣的原理，當你向左移動用力後，必須有一個向右的
身體移動用力來平衡身體；向前移動用力後，必須有一
個向後的身體移動用力來平衡身體；向後用力後，必須
有一個向前的身體移動用力來平衡身體。

「平衡」，簡而言之，即兩種或兩種以上物體之間
的關係趨於平等。用在乒乓球運動步法用力上的平衡，
即指向任一方向、角度、力量、身體轉動形式的移動，
都必然有與其方向、角度、力量、身體轉動形式相反的
移動來確保步法移動過程中身體的平衡。

（三）步法組合規律的説明

任何事物的發展、變化都有其內在的規律性，乒乓球運動的步法、步法應用、步法組合也不例外，也有其可遵循的內在規律。

1. 先小後大再小的組合規律

無論對什麼樣的來球進行步法移動時，都遵循這樣一個規律：先以很小的步法移動進行調整、準備起動，再用主要的步法進行移動。當移動到位、完成擊球任務後，再用很小的步法進行調整、還原，準備下一次擊球時的起動。這就是先小步準備、後大步移動、再小步調整的步法組合規律。

此規律遵循的原理是人體運動生理學中運動系統、血液循環系統、供能系統、神經系統等的漸進性原理、恢復性原理。

2. 先慢後快再慢的組合規律

無論哪種步法移動，都遵循這樣一個規律：先以較慢的步法移動（做準備），再用主要的步法做快速移動，當完成了移動到位、揮拍擊球的任務後，再用相對較慢的步法移動（恢復）還原。

此規律遵循的原理與上面1中所遵循的原理相同。

3. 先直線後弧線再直線的組合規律

無論哪種步法移動，都遵循這樣一個規律：準備階段的步法移動為線形運動，接著採用（個別情況除外）弧形的步法移動，當完成移動到位、揮拍擊球的任務

後，再採用線形移動（恢復）還原。

4. 先輕後重再輕的組合規律

在步法移動的用力方面遵循先輕輕用力做準備，後爆發用力做移動，再較輕用力做（恢復）還原的規律。

5. 先簡單後複雜再簡單的組合規律

在步法種類的組合方面，遵循先用簡單步做準備，再用較複雜的步法移動到位，完成擊球，最後採用較簡單的步法（恢復）還原。

二、雙打步法應用的說明

（一）雙打步法應用與單打步法應用的相同點

雙打步法的應用同單打步法的應用一樣，也包括主動時、相持時、被動時的步法應用。

每一時期的步法應用，也同樣包括向前、向後的縱向步法應用，向左、向右的橫向步法應用。換言之，雙打步法的應用包括所有單打步法的應用。

（二）雙打步法應用與單打步法應用的不同點

雙打步法的應用包括所有單打步法的應用，但雙打步法的應用又有其特殊性。

1. 雙打是兩個人的配合

是兩個人的配合就要照顧同伴的感受，根據同伴的性格、技術類型、打法特點、移動習慣與規律等情況，結合自己的技術類型、打法特點、移動習慣與規律等，將兩者協調、統一、默契地組合起來。因此，不能單純

地照搬單打步法的應用。

2. 雙打是不同類型、打法、性格、持拍手的配合

不同的性格、持拍手、類型、打法的選手之間的配合，其步法的應用則不同，可參見第三章第二節二十三至二十九的內容。

3. 雙打的步法移動，旣要根據來球情況，又要根據同伴的位置

無論是單打還是雙打，根據來球應用步法這是必不可少的前提。而雙打步法的應用，除了根據來球外，還必須根據同伴的站位來確定最後的步法移動方式及擊球方式。

第五章
步 法 的 訓 練

第一節　單個步法的訓練

一、單個步法的腳法訓練

（一）原地步的腳法訓練

1. 選位置

按教練員的要求站在指定的位置（球臺的某處、球場的某處等）。

2. **聽指令（可以是哨聲、口令、擊掌、其他有節奏的聲音等）。**

（1）慢節奏

（2）中節奏

（3）快節奏

根據教練員指令節奏的慢、中、快做原地的慢、中、快步。當節奏速度達到最高時，要求原地步兩腳重心的交換頻率也相應達到極限。

（4）中節奏

（5）慢節奏

隨著教練員指令節奏由快、中、慢的順序降低，原地步練習的節奏也逐漸同步降低。

3. 定組數

根據教學訓練計劃的安排來確定步法練習的時間，繼而制定步法練習的組數。

一般情況從慢、中、快、中、慢的順序開始步法練習，持續 1 分鐘為 1 組，一個步法的練習通常進行 3～5 組，組與組間的間隔時間通常為 1～3 分鐘。

（二）預動步的腳法訓練

1. 選位置

按教練員的要求站在指定的位置。

2. 聽指令

（1）慢節奏

（2）中節奏

（3）快節奏

（4）中節奏

（5）慢節奏

根據教練員發出的以上從慢到快再從快到慢的指令，順序進行預動步的練習。

3. 定組數

1 分鐘為 1 組，組與組之間的間隔時間為 1～3 分鐘，一個步法的練習通常進行 3～5 組。然後換做下一種步法的練習。

（三）碎步的腳法訓練

1. 選位置

按教練員的要求站在指定的位置。

2. 聽指令

（1）慢節奏

（2）中節奏

（3）快節奏

（4）中節奏

（5）慢節奏

根據（1）～（5）的順序，按教練員發出的從慢到快，再從快到慢的節奏進行碎步練習。

3. 定組數

1分鐘為1組，兩組之間的休息時間為1～3分鐘。一種步法的練習通常進行3～5組，然後換做下一種步法的練習。

（四）單步的腳法訓練

1. 選位置

根據教練員的指示站在指定的位置。通常進行此步法練習時，都站在離球臺50～70公分的中間位置。

2. 聽指令

根據教練員喊的口令（有時也可用手勢）做「左小角」「左大角」「中間短」「中間長」「右小角」「右大角」的單步移動（動左腳或右腳）。同樣，根據教練員口令節奏的快慢進行相應快慢的單步移動。

3. 定組數

2 分鐘為 1 組，組間間隔時間為 2 分鐘。通常練習 3 組，然後換做下一種步法的練習。

（五）換步腳法的訓練

1. 選位置

根據教練員的要求站在指定位置。通常站在離球臺 50～70 公分的偏反手位置。

2. 聽指令

根據教練員的口令做「左」「右」「後」「前」的換步移動。同樣，根據教練員口令節奏的快慢，進行相應快慢的換步移動。

3. 定組數

1 分鐘為 1 組，組間間隔時間為 1～2 分鐘。通常練習 3 組，然後換做下一種步法練習。

（六）併步腳法的訓練

1. 選位置

按教練員的安排站在指定的位置。通常進行此步法練習時都站在離球臺 50 公分左右的反手位置。

2. 聽指令

根據教練員的口令做「左大角」「右小角」「前中間」「後追身」等換步移動。同樣，根據教練員口令節奏的快慢，進行相應快慢的併步移動。

3. 定組數

1 分鐘為 1 組，組與組之間的間隔時間為 1～2 分

鐘。通常進行3組練習，然後換做下一種步法的練習。

（七）小跳步腳法的訓練

1. 選位置

按教練員的安排，站在指定的位置。通常站在離球臺50公分左右的偏反手位置。

2. 聽指令

此步法訓練往往與其他步法結合起來進行，要求是：無論採用什麼步法的移動去回擊什麼種類的來球，都必須首先採用小跳步步法起動（例如，小跳步結合單步、小跳步結合跨步、小跳步結合併步等），再結合其他步法移動。移動的方向聽教練的口令。

3. 定組數

2分鐘為1組，組間間隔2分鐘。練習2組後換做下一種步法的練習。

（八）跳步的腳法訓練

基本同小跳步的腳法訓練一致。

（九）跨步的腳法訓練

1. 選位置

通常選在離球臺70公分左右的反手位置。

2. 聽指令

根據教練員「左」「右」「前」「後」的口令進行相應的跨步移動。一般情況是哪側來球跨哪側腿。根據教練員口令節奏的快慢，進行相應快慢的跨步移動。

3. 定組數

2 分鐘為 1 組，組與組之間的間隔為 1～3 分鐘。常練習 2～3 組，然後換做下一種步法練習。

（十）滑步的腳法訓練

1. 選位置

按教練員的安排，站在指定的位置。通常站在離球臺 70 公分左右的中間偏左的位置。

2. 聽指令

根據教練員的口令做「側身」「上步」「向後」「向前」「再側身」等的滑步移動（可採用兩步滑步或三步滑步）。同樣，可根據口令節奏的快慢，進行相應滑步快慢的移動。

3. 定組數

2 分鐘為 1 組，組與組之間的間隔時間為 1～2 分鐘。通常練習 2～3 組，然後進行下一種步法的練習。

（十一）蹲步腳法的訓練

1. 選位置

按教練員的要求，站在指定位置。

2. 聽指令

（1）慢節奏

（2）中節奏

（3）快節奏

（4）中節奏

（5）慢節奏

根據教練員發出的以上從慢到快再從快到慢的順序

進行蹲步——還原——蹲步等的練習。

3. 定組數

1分鐘為1組，組間間隔時間為1～2分鐘。通常練習3組左右，然後換做下一種步法的練習。

（十二）弓箭步的腳法訓練

1. 選位置

通常站在距球臺1公尺左右距離的中間位置。

2. 聽指令

（1）慢節奏

（2）中節奏

（3）快節奏

（4）中節奏

（5）慢節奏

按教練員的口令從慢到快再從快到慢的節奏順序進行前、後弓箭步的交替移動練習。

3. 定組數

2分鐘1組，間歇1～2分鐘。通常練習3組左右後換做下一種步法的練習。

（十三）墊步的腳法訓練

1. 選位置

按教練員的要求站在指定位置。有條件的情況下可安排在羽毛球場或模擬羽毛球場進行練習。

2. 聽指令

按教練員的口令做「前」「後」「左」「右」的墊

步移動。注意墊步的節奏，根據教練員口令節奏的快慢進行相應快慢的墊步移動。

3. 定組數

1分鐘為1組，組與組之間的間隔時間為1～2分鐘。通常進行3組左右的練習，然後換做下一種步法的練習。

（十四）墊跨步腳法的訓練

1. 選位置

根據教練員的安排，站在指定的位置。通常站在離球臺70公分左右的中間位置。

2. 聽指令

看教練員手勢的「前推」「後擺」「左揮」「右揮」進行這些方向的墊跨步移動，並且根據教練員手勢揮動的快慢節奏進行。注意墊步「先半步、後大步」的起動、移動方法。

3. 定組數

1分鐘為1組，組與組之間的間隔時間為1～2分鐘。通常練習2～3組，然後進行下一種步法的練習。

（十五）蹬跨步的腳法訓練

1. 選位置

通常選在自己的反手位，由反手位向正手位進行大範圍的蹬跨移動。離球臺距離約70公分。

2. 聽指令

由於這種步法主要用於從自己的反手位向正手位的

横向移動，所以，教練員下達的口令也非常簡單，只喊「1」「2」即可（「1」代表蹬跨步，「2」代表還原）。注意還原時不要隨意走回反手位。最好根據教練員的安排結合相應的步法（如跳步、滑步、併步等）還原。

3. 定組數

1分鐘1組，休息1～2分鐘進行下一組，進行3組換下一種步法練習。

（十六）兩步蹬跨步的腳法訓練

1. 選位置

通常選在自己的正手位，由正手位向自己的反手位進行大範圍的兩步蹬跨反向移動。離球臺距離約1公尺。

2. 聽指令

由於此步法的應用範圍很窄（主要用於從正手位向反手位的移動），所以，教練員只需下達「1」（代表兩步蹬跨步）「2」（代表還原）的口令即可。注意還原時最好按教練員的安排與其他步法（跳步、滑步等）相結合。

3. 定組數

1分鐘1組，休息1～2分鐘後進行下一組練習。通常進行3～5組練習後換做下一種步法練習。

（十七）側身步的腳法訓練

1. 選位置

通常選在自己的反手位置，離球臺約 50 公分。

2. 聽指令

由於側身步不是一種特定的步法（只是將諸多步法用於側身位），因此，教練員在下達口令時，要明確地喊出「單步側身」「跨步側身」「滑步側身」「跳步側身」等。用某種步法側身後，可用相同的步法還原進行對稱練習。移動的快慢根據教練員口令節奏。

3. 定組數

2 分鐘為 1 組，組間休息時間為 2 分鐘。通常練習 3～5 組，然後進行下一種步法的練習。

（十八）交叉步的腳法訓練

1. 選位置

按教練員的安排可以站在任何位置。

2. 聽指令

由於交叉步的應用範圍較廣，橫向移動、縱向移動、反向移動和快攻弧圈類、削球類均可使用，故教練員在下達口令時要明確地喊出「正交叉」「反交叉」「前交叉」「後交叉」等。注意練習中可將正交叉與反交叉、前交叉與後交叉配對進行練習。

3. 定組數

1 分鐘為 1 組，組間間歇時間為 1～2 分鐘。通常練習 3～5 組，然後進行下一種步法的練習。

（十九）跑動步的腳法訓練

1. 選位置

按教練員的安排站在任意位置。

2. 聽指令

聽「前」「後」等的口令做相應的跑動步練習。跑動步數按教練員的要求。

3. 定組數

2分鐘1組，一般進行2組，間歇3分鐘。

（二十）騰空步的腳法訓練

1. 選位置

按教練員要求站在球臺的任意位置。

2. 聽指令

聽「騰空」口令後做相應前後騰空練習。

3. 定組數

1分鐘1組，休息3分鐘，共進行3組。

（二十一）魚躍步的腳法訓練

1. 選位置

根據教練員的安排，可選擇在乒乓球館的球臺前，也可以選擇在其他館進行此步法的練習。

2. 聽指令

（1）注意事項

① 做這項練習時教練員一定要採取安全措施。

② 可與身體訓練結合起來練習。

③ 注意示範、保護與幫助。

（2）練習口令

「側魚躍」「前魚躍」。做後馬上還原。

3. 定組數

5個魚躍為1組，休息2分鐘。通常進行2組練習。

（二十二）跟重心步的腳法訓練

1. 選位置

按教練員的安排，站在指定位置。通常站在距球臺50公分左右的中間位置。

2. 聽指令

（1）注意事項

① 重心先動，腳後動。

② 用移動方向的同側腿進行起動與制動。

③ 感覺像同側腿的單腿蹦。

（2）練習口令

「左」「右」等口令。做後馬上還原。

3. 定組數

2分鐘為1組，組間休息2分鐘，一般進行3～5組練習後換做下一種步法練習。

（二十三）雙打步法的腳法訓練

1. 結合單打步法進行訓練

（1）選位置

根據教練員的安排，結合運動員類型打法、左手還是右手持拍來確定其具體的位置。

（2）聽指令

① 左右手配合的「八」字步法訓練

兩名選手分別站在「八」字的「丿」與「乀」上，聽教練員「前」「後」的口令，在「八」字上進行各種單打步法的移動。

② 前後場配合的「T」字步法訓練

兩名選手分別站在「T」字的「一」與「｜」上，聽到教練員下達的「1」（代表橫向的從左到右，縱向的從後到前）、「2」（代表與「1」的方向相反）口令後在「T」字上進行各種單打步法的移動。

③「0」字步法訓練

兩名選手分別站在「0」字上（可前後或左右），按教練員喊的「順時針」「逆時針」口令在「0」字上進行各種單打步法的移動。

④ 橫「8」字步法訓練

兩名選手分別站在橫「8」字的左「0」與右「0」上（可在「0」的上下或左右），聽教練員喊的「先向左」「先向右」的口令，在「∞」字上進行相應的單打步法移動。

⑤ 倒「V」字步法訓練

兩名選手分別站在「Λ」字的「／」與「＼」上，按教練員喊的「前」「後」等的口令，在「Λ」字上進行相應的單打步法移動。

⑥ 倒「▽」形步法訓練

兩名選手根據教練員的安排，可站在「▽」形的任意邊上，按教練員喊的「順時針」「逆時針」「前」「後」「左」「右」等的口令，在「▽」形上進行相應的單打步法移動。

　　（3）定組數

　　1分鐘為1組，組間休息2分鐘，進行2組（每種雙打步法）練習。6種雙打步法各進行2組，共進行12組。

　　2. 結合專項素質進行訓練

　　與上面1中的「結合單打步法進行訓練」的內容、順序、方法等基本一致。兩者的區別是：前者強調6種基本雙打移動位置與單打移動步法的有機結合，後者強調6種基本雙打移動位置與專項身體素質的互相促進。

　　結合專項素質進行雙打步法的訓練，要求速度、頻率、節奏等都相應加快。

二、單個步法結合手法的徒手練習

　　（一）與本節一中的內容「單個步法的腳法訓練」相同

　　（二）手法與步法結合的時機

　　1. 原地步

　　屬準備步法，故手法也處於準備姿勢。

　　2. 預動步

　　屬準備步法，故手法也處於準備姿勢。

乒乓球步法的技巧

230

3. 碎步

屬準備步法，故手法也處於準備姿勢。

4. 單步

步法移動與揮拍擊球動作同步。

5. 換步

最後一腳落地與揮拍擊球動作同步。

6. 併步

最後一腳落地與揮拍擊球動作同步。

7. 小跳步

跳步的同時引拍，腳落地後迎球揮拍。

8. 跳步

跳步的同時引拍，腳落地後再迎球揮拍。

9. 跨步

步法移動（腳落地）與揮拍擊球動作同步。

10. 滑步（兩步滑步、三步滑步）

先腳步移動，移動過程中轉腰引拍，腳落地後再迎球揮拍。

11. 蹲步

先蹲下移動，後伸拍擊球。

12. 弓箭步（向前弓箭步、向後弓箭步）

先弓箭步移動，後出手（轉腰）擊球。

13. 墊步

步法移動中引拍，腳落地後再揮拍擊球。

14. 墊跨步

步法移動後再引拍、迎球揮拍。

15. 蹬跨步

腳落地與迎球揮拍同步進行。

16. 兩步蹬跨步

先移動步法，後站穩身體，再轉腰引拍、迎球揮拍。

17. 側身步

（1）單步側身：同單步移動的時機。

（2）跨步側身：同跨步移動的時機。

（3）跳步側身：同跳步移動的時機。

（4）滑步側身：同滑步手步法結合的時機。

18. 交叉步

（1）正交叉與反交叉

交叉步空中移動時（腳未落地）即迎球揮拍，兩者同步。

（2）前交叉與後交叉

交叉步移動完成後（腳已落地）再引拍、迎球揮拍。

19. 跑動步（向前跑動步、向後跑動步）

跑動步最後一步制動後再迎球揮拍。

20. 騰空步

（1）殺高球騰空步

身體騰空到最高點下落一點後迎球揮拍。

（2）救高球騰空步

身體騰空快到最高點時迎球揮拍。

21. 魚躍步（向前魚躍步、向側魚躍步）

身體騰空魚躍的同時即迎球揮拍。

22. 跟重心步

重心先移動，步法緊跟上的同時迎球揮拍。

（三）雙打手法與步法結合的時機

基本同單打手法與步法結合的時機。

三、單個步法結合手法的多球練習

（一）與本節二中的「單個步法結合手法的徒手練習」內容完全一致。

（二）只是將本節二中的「單個步法結合手法的徒手練習」內容採用多球的訓練方法進行強化練習。

（三）注意事項

1.注意加快節奏與運動員的身體、技術等實際情況相結合。

2.多球「餵」球速度的快慢，必須建立在運動員能完成手、步法結合的基礎上。

第二節 組合步法的訓練

一、常用步法的組合訓練

（一）步法的對稱訓練

1. 內容

（1）單步與單步的組合

（2）換步與換步的組合

（3）併步與併步的組合

（4）小跳步與小跳步的組合

（5）跳步與跳步的組合

（6）跨步與跨步的組合

（7）兩步滑步與兩步滑步的組合

（8）三步滑步與三步滑步的組合

（9）墊步與墊步的組合

（10）前弓箭步與後弓箭步的組合

（11）蹬跨步與蹬跨步的組合

（12）墊跨步與墊跨步的組合

（13）正交叉步與反交叉步的組合

（14）前交叉步與後交叉步的組合

（15）向前跑動步與向後跑動步的組合

（16）跟重心步與跟重心步的組合

乒乓球步法的技巧

2. 方法

（1）橫向步法

① 選位置

根據教練員訓練計劃、內容的安排，根據運動員類型打法的特點，站位一般選在距球臺 50～70 公分的偏反手的位置。

② 聽指令

根據教練員「左」「右」的口令進行前面 1 中 16 種步法的對稱訓練（前弓箭步與後弓箭步、前交叉步與後交叉步、向前跑動步與向後跑動步三種步法的對稱訓練，不屬橫向移動範疇，故不在其中）。

例如：跨步向左，再跨步向右；正交叉步向右，反交叉步向左。在教練員「左」「右」口令的指揮下，如此往復進行各種步法的對稱訓練。

③ 定組數

根據訓練計劃、內容的安排需要，步法訓練的時間、組數可長、可短，可多、可少。通常每種步法練 3 組，每組 1～2 分鐘。

（2）縱向步法

① 選位置

根據訓練計劃、進度、課時內容的具體安排，根據運動員是快攻、弧圈類打法，還是削球類打法的特點，站位一般選在距臺 50 公分、70～100 公分的偏反手或中間的位置。

② 聽指令

根據教練員「前」「後」的口令進行前面1中16種步法的對稱訓練（除去跟重心步）。

例如：跨步向前，再跨步向後；跳步向後，再跳步向前；蹬跨步向前，再蹬跨步向後等等，在教練員「前」「後」口令的指揮下（包括口令快慢節奏），如此往復進行各種步法的對稱訓練。

③ 定組數

根據訓練計劃、進度、內容及比賽安排的需要，步法訓練的時間可長、可短，訓練的組數可多、可少。通常每種步法練習3～5組，每組練習1～2分鐘，組間休息1～3分鐘。

3. 說明

（1）步法的對稱訓練可徒手進行。

（2）步法的對稱訓練也可以進行單球上臺練習的方法。方法同本節一（一）2。

（3）步法的對稱訓練也可以用多球強化的方法進行訓練。方法同本節一（一）2。

（4）步法的對稱訓練可結合專項身體練習。

（5）本節一（一）2所指的步法對稱訓練，主要是徒手練習方法。

（二）步法的非對稱訓練

1. 內容

（1）單步與併步的組合

（2）單步與跨步的組合

（3）單步與跳步的組合

（4）併步與跨步的組合

（5）併步與跳步的組合

（6）跨步與跳步的組合

（7）單步側身與交叉步上步的組合

（8）跨步側身與交叉步上步的組合

（9）跳步側身與交叉步上步的組合

（10）滑步側身與交叉步上步的組合

（11）交叉步上步與跳步還原的組合

（12）單步與墊步的組合

（13）墊步與跨步的組合

（14）單步與蹲步的組合

（15）單步與弓箭步的組合

（16）單步與墊跨步的組合

（17）單步與蹬跨步的組合

（18）單步與跟重心步的組合

等等

2. 方法

（1）橫向步法

① 選位置

根據教練員的安排及運動員類型打法特點，站位一般選在距球臺 50 公分、70 公分的偏反手或中間的位置。

② 聽指令

A. 徒手練習

根據教練員「左」「右」的口令進行本節一（二）1中18種步法的練習（單步與蹲步、單步與弓箭步除外）。

例如：滑步側身——交叉步上步——跳步還原——再滑步側身等等。

教練員也可以喊「側身」「上步」「還原」「再側身」等口令.

B. 上臺練習

根據教練員的安排，可做本節一（二）1的18種中的以上步法的任意一種或幾種練習，方法同A。

C. 多球練習

方法同B，只是用多球進行訓練。

③ 定組數

根據實際的需要和教練的安排，步法訓練時間可長、可短，組數可多、可少，組間休息時間可按運動員的具體情況而定。

（2）縱向步法

① 選位置

根據教練員的安排及運動員類型打法特點，通常站在距球臺50公分、70公分的偏反手或中間的位置。

② 聽指令

A. 徒手練習

根據教練員喊「前」「後」或者喊步法具體名稱的口令來進行本節一（二）1中18種步法的練習（單步與跟重心步除外）。

例如：跳步後退——墊步上前，單步上前——跳步後退等。

B.上臺練習

根據教練員的安排，可做本節一（二）1的18種中的以上步法的任意一種或幾種的練習。方法同A。

C.多球練習

方法同B，只是用多球進行練習。

③ 定組數

根據情況，步法訓練時間可長、可短，組數可多、可少，間歇時間因人而異。

二、非常用步法的組合訓練

（一）步法的對稱訓練

1. 內容

（1）蹲步對蹲步的組合

（2）兩步蹬跨步對兩步蹬跨步的組合

（3）騰空步對騰空步的組合

（4）魚躍步對魚躍步的組合

2. 方法

（1）橫向步法

① 選位置

根據教練員的安排及運動員類型打法特點，站位一般選在距球臺 1 公尺左右的中間位置。

② 聽指令

A. 徒手練習

根據教練員所喊某步法的具體口令，進行橫向移動中的兩步蹬跨步的左右移動、側魚躍步的左右移動、救高球騰空步的左右移動練習。

B. 上臺練習

上臺利用單球進行兩步蹬跨步、側魚躍步、救高球騰空步的左右移動練習。要求陪練者定點，步法練習者左右移動。

C. 多球練習

陪練者利用多球強化練習者的兩步蹬跨步、側魚躍步、救高球騰空步的左右移動能力。

③ 定組數

根據實際情況，教練員對步法的訓練時間、組數可進行統一安排，因地制宜、因人制宜、因時制宜。

（2）縱向步法

① 選位置

根據教練員的安排及運動員類型打法特點，站位通常選在距球臺 1 公尺左右的中間位置。

② 聽指令

A. 徒手練習

根據教練員所喊某種步法的具體名稱進行縱向移動

中的蹲步前後移動、前魚躍移動、救高球騰空步的前後移動練習（包括殺高球）。

B.上臺練習

上臺利用單球進行蹲步、前魚躍步、救高球騰空步、殺高球騰空步的前後移動練習。要求回給陪練者的位置是定點，步法練習者的位置是前後移動。

C.多球練習

練習方法同 B，只不過陪練者是利用多球強化練習者的蹲步、前魚躍步、救高球騰空步、殺高球騰空步的前後移動能力。

③ 定組數

根據實際情況，教練員按照訓練計劃、進度、內容的安排，可因時、因地、因人地進行不同時間、組數的步法練習。

3. 說明

非常用步法的組合，顧名思義是這種步法不常用，這種步法的組合也不常用。因此，對這些步法的訓練有如下的要求：

（1）不作為步法訓練的重點，在有條件的情況下可以作為配套練習、輔助練習。

（2）與專項身體素質的練習相結合進行訓練。

（3）與基礎素質中的協調、靈敏、柔韌等素質相結合進行訓練。

（二）步法的非對稱訓練

1. 內容

（1）單步與蹲步的組合

（2）單步與魚躍步的組合

（3）單步與騰空步的組合

（4）跨步與蹲步的組合

（5）墊步與魚躍步的組合

（6）跳步與魚躍步的組合

（7）併步與魚躍步的組合

（8）跳步與兩步蹬跨步的組合

（9）跑動步與騰空步的組合

等等

2. 方法

基本與本節二（一）2的內容一致。

3. 說明

非常用步法組合中的非對稱步法的組合較非常用步法組合中的對稱步法的組合為實用。雖然相對而言在訓練、比賽中出現的頻率較少，但畢竟是可以見到的，故不可忽視它在比賽中所起的1～2分球的作用。因此，對這種步法的訓練有如下要求：

（1）雖不作為重點步法進行訓練，但要求運動員必須了解、掌握，以備不時之需。

（2）結合專項身體素質進行練習。

（3）結合培養意志品質進行練習。

（4）結合全面身體素質進行練習。

第三節　步法訓練需注意的問題

一、處理好步法與手法的關係

一切「唯步法」論、「唯手法」論的觀念都是錯誤的。沒有步法的手法無異於「空中樓閣」，無處依附，步法不到位使手法搆不到球無法完成擊球任務；沒有手法的步法無異於「行屍走肉」，不知何為，來球不會接，再好的步法也是枉然。

關於手法與步法的關係及重要性，我們在第一章中已闡述過了，這裡再次提起的原因是想提醒廣大的教練員、教師、運動員、業餘愛好者們在進行步法訓練時，不僅要認識到手法與步法具有同等重要的地位，而且要認清在步法移動過程中手臂的動作、用力及位置，以及在揮拍擊球時又是進行怎樣的步法移動，因為這才是本書所要解決的中心問題，也是長期困擾廣大乒乓球參與者的實際問題。關於這一點，可參見第三章第二節及第四章的全部。

二、掌握一定的基礎理論知識

沒有一定的基礎理論知識的指導，步法移動既不經濟，多走彎路，又帶有很大的盲目性。

步法移動不經濟、走彎路是指：運動員缺乏對人體解剖學、人體生理學、運動生物力學、乒乓球專業理論等知識的初步了解，在訓練與比賽中的步法移動只是憑著感覺走，缺少理論依據，具體表現為該移動到位的未移動到位，需要走捷徑的卻又走「彎路」；該發力的肌肉（主動肌）發力不足，不該發力的肌肉（對抗肌）卻又過多參與工作，以致動作僵硬、移動笨拙、速度緩慢，又很費力。

　　步法移動帶有很大的盲目性是指：由於缺乏相關的動力學、流體力學基礎理論知識，對各種來球運行的弧線規律知之甚少（例如：上旋球的飛行弧線曲度大，下潛快；下旋球的飛行弧線正好相反，曲度小，球上飄；側旋球的飛行弧線向同側偏拐，如此等等），造成步法移動的感覺化，具有極大的盲目性。

　　因此，我們說掌握一些淺顯、實用的基礎理論知識、原理，對乒乓球運動、乒乓球步法移動都是大有好處的，使你在步法移動時知道該用什麼步法、需移動多遠、移動到什麼位置，以及懂得怎樣進行步法移動既經濟又有實效。

三、培養步法移動的意識

（一）選位意識

　　選位是指對來球的位置作出提前的預測，繼而進行選定，並做出相應的步法提前移動到位。

例如：當你側身攻擊對方後，通常對方的下一拍回球都要還擊到你的正手空檔位，所以，當你側身進攻後通常提前向正手位跳一步，但跳到什麼位置又大有學問，這就是選位。選擇的位置，既有利於自己下一拍的正手攻，又有利於反手攻；既有利於向正手的補位，又有利於再次的側身攻。

　　培養選位意識的方法：

　　1. 正確判斷來球。

　　2. 根據自己的出球旋轉、角度、力量、速度、弧線、落點，預測對方回球的範圍及回球的形式。

　　3. 了解、掌握弧線運行規律以及旋轉變化特點。

（二）動態意識

　　動態意識是要求運動員無論是擊球動作結束，還是擊球動作尚未開始，都不要原地不動或站立式擊球，在回合過程中只要球未成「死球」，腳下就要不停地做重心交換、步法移動。動態程度如何，將影響到連續進攻的質量。

　　培養動態意識的方法：

　　1. 在正確選位意識的基礎上。

　　2. 注意培養隊員的意志品質。

　　3. 培養隊員的擊球連續性、步法移動的連續性。

　　4. 養成注意力集中的好習慣。

　　5. 教練員督促、要求運動員訓練中腳下不許停頓（無論是「活球期」或「死球期」）。

四、加強全面身體素質與專項身體素質的練習

（一）全面身體素質的練習

1. 力量

腿部的絕對力量可採用負重下蹲的方法。重量由輕到重，因人而異，循序漸進。

2. 速度

可採用 10 公尺、20 公尺、30 公尺的短距離衝刺跑練習。

3. 耐力

可採用越野跑或 1500～3000 公尺長跑。

4. 柔韌

訓練結束後，可因地制宜地進行壓腿練習。

（二）專項身體素質的練習

1. 力量

主要加強小腿肌肉和膝、踝關節的力量。可採用原地高抬腿、縱跳、跳繩、摸高等練習方法。

2. 速度

摸臺角往返跑、「拾球比賽」、專項步法移動比賽等。

3. 耐力

專項步法的計時比賽，看誰做得次數多、時間長，也可採用多球訓練。

4. 靈敏性

可採用小場地踢足球比賽、原地起動、左右突然起動及制動練習、轉身練習。

參考文獻

1. 張博、詹麗來：《乒乓球旋轉的技巧》，第 1 版，北京，人民體育出版社，2001。

2. 邱鐘惠、莊家富等：《現代乒乓球》，第 1 版，北京，人民體育出版社，1982。

3. 體育院系教材編審委員會：《乒乓球》體育系通用教材，第 1 版，北京，人民體育出版社，1979。

4. 《乒乓世界》，2001（7），總 105 期。

運動精進叢書

定價200元

定價180元

定價180元

定價180元

定價220元

定價220元

定價230元

定價230元

定價230元

定價220元

定價230元

定價220元

定價220元

定價300元

定價280元

定價330元

定價230元

定價300元

定價230元

定價280元

定價350元

定價280元

定價280元

定價250元

定價220元

彩色圖解太極武術

定價220元

定價220元

定價220元

定價220元

定價350元

定價350元

定價350元

定價350元

定價350元

定價350元

定價350元

定價350元

定價350元

定價220元

定價220元

定價220元

定價350元

定價220元

定價350元

定價350元

定價220元

定價220元

定價220元

導引養生功

張廣德養生著作　每冊定價350元

定價350元　　定價350元　　定價350元　　定價350元　　定價350元

定價350元　　定價350元　　定價350元　　定價350元　　定價350元

輕鬆學武術

定價250元　　定價250元　　定價250元　　定價250元　　定價250元

定價250元　　定價250元　　定價250元　　定價280元　　定價330元

太極跤

定價300元　　定價280元　　定價350元

養生保健 古今養生保健法 強身健體增加身體免疫力

定價250元

定價250元

定價250元

定價220元

定價220元

定價200元

定價160元

定價180元

定價250元

定價250元

定價250元

定價250元

定價180元

定價420元

定價300元

定價250元

定價180元

定價200元

定價360元

定價360元

定價230元

定價250元

定價230元

定價250元

定價200元

定價250元

定價200元

定價400元

定價280元

定價400元

定價300元

定價300元

定價180元

定價200元

定價200元

定價350元

定價400元

定價200元

定價280元

定價200元

定價180元

定價200元

定價280元

定價280元

定價200元

老拳譜新編

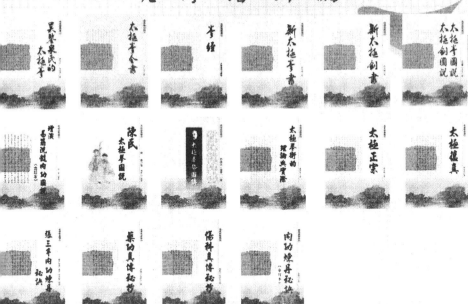

武學釋典

太極武術教學光碟

太極功夫扇
五十二式太極扇
演示：李德印 等
(2VCD)中國

夕陽美太極功夫扇
五十六式太極扇
演示：李德印 等
(2VCD)中國

陳氏太極拳及其技擊法
演示：馬虹(10VCD)中國
陳氏太極拳勁道釋秘
拆拳講勁
演示：馬虹(8DVD)中國
推手技巧及功力訓練
演示：馬虹(4VCD)中國

陳氏太極拳新架一路
演示：陳正雷(1DVD)中國
陳氏太極拳新架二路
演示：陳正雷(1DVD)中國
陳氏太極拳老架一路
演示：陳正雷(1DVD)中國

陳氏太極拳老架二路
演示：陳正雷(1DVD)中國
陳氏太極推手
演示：陳正雷(1DVD)中國
陳氏太極單刀・雙刀
演示：陳正雷(1DVD)中國

郭林新氣功
(8DVD)中國

本公司還有其他武術光碟
歡迎來電詢問或至網站查詢
電話：02-28236031
網址：www.dah-jaan.com.tw

原版教學光碟

歡迎至本公司購買書籍

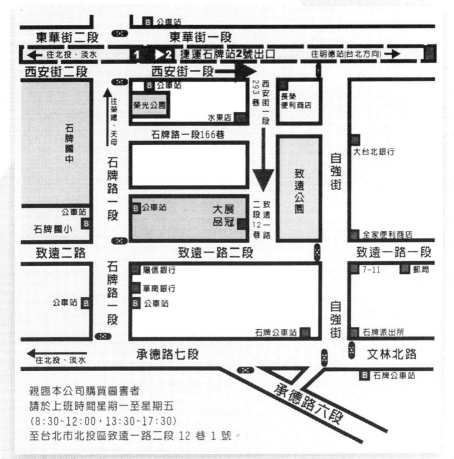

親臨本公司購買圖書者
請於上班時間星期一至星期五
(8:30~12:00,13:30~17:30)
至台北市北投區致遠一路二段 12 巷 1 號。

建議路線
1. 搭乘捷運、公車
　　淡水線石牌站下車,由石牌捷運站 2 號出口出站(出站後靠右邊),沿著捷運高架往台北方向走(往明德站方向),其街名為西安街,約走100公尺(勿超過紅綠燈),由西安街一段293巷進來(巷口有一公車站牌,站名為自強街口),本公司位於致遠公園對面。搭公車者請於石牌站(石牌派出所)下車,走進自強街,遇致遠路口左轉,右手邊第一條巷子即為本社位置。

2. 自行開車或騎車
　　由承德路接石牌路,看到陽信銀行右轉,此條即為致遠一路二段,在遇到自強街(紅綠燈)前的巷子(致遠公園)左轉,即可看到本公司招牌。

國家圖書館出版品預行編目資料

乒乓球步法的技巧／張　博 著
－初版－臺北市，大展，2003【民 92】
面；21 公分－（運動遊戲；24）
ISBN 978-957-468-252-2（平裝）
1. 桌球
528. 956　　　　　　　　　　　92014243

乒乓球步法的技巧

主　　編／張　　博
責任編輯／白　　艷
發 行 人／蔡 森 明
出 版 者／大展出版社有限公司
社　　址／台北市北投區（石牌）致遠一路 2 段 12 巷 1 號
電　　話／(02) 28236031・28236033・28233123
傳　　真／(02) 28272069
郵政劃撥／01669551
網　　址／www.dah-jaan.com.tw
E-mail／service@dah-jaan.com.tw
登 記 證／局版臺業字第 2171 號
承 印 者／傳興印刷有限公司
裝　　訂／承安裝訂有限公司
排 版 者／弘益電腦排版有限公司
授 權 者／北京人民體育出版社
初版 1 刷／2003 年（民 92 年）11 月
初版 2 刷／2011 年（民 100 年）　5 月　　　　定　價／220 元

大展好書　好書大展
品嘗好書　冠群可期